Caminho com o Bibo na teologia há vinte anos. Quando estávamos no seminário, um dos nossos professores sempre repetia a mesma frase: "Vocês têm que ler". A insistência dele era não apenas com a leitura, mas com as *boas* leituras. Levamos algum tempo para absorver tudo aquilo que, para o professor, seria o básico. Hoje entendo a razão da insistência do nosso mestre. Sem ela, você não teria em mãos este livro. Aprendemos com eles o que aqui você encontra: "Somos servos inúteis". Bibo tem a maestria de reunir grandes referências da teologia e nos apresentá-las com clareza e precisão. Esta obra é algo de que a igreja brasileira necessita hoje, pois retoma um conceito básico não só da Reforma, mas também da fé cristã: o sacerdócio de todos os crentes.

—ALEXANDER STAHLHOEFER, missionário e professor de Teologia.

Mais uma bela obra do arauto do óbvio. E mais uma boa dose de realismo no novo livro de Rodrigo Bibo, *Como se tornar um cristão inútil*. A obra nos dá uma daquelas cajadadas pastorais para compreendermos que nada somos. Mas não se engane: não é um texto desesperançado; pelo contrário, suas linhas demonstram a mais profunda esperança na obra que Deus está realizando por meio da igreja. A certeza da soberania de Deus, somada à humildade, nos leva a entender que somos apenas uma gota, porém uma gota necessária, no oceano da ação divina neste mundo. Recomendo esta leitura.

—ANDRÉ DANIEL REINKE, designer, historiador e teólogo

Se há algo que pulsa no coração de todo cristão sincero é o desejo de servir a Deus. Mas, com esse desejo, vêm também algumas perguntas: O que realmente significa ser um servo de Deus? O que precisa mudar em minha vida? A boa notícia é que, no livro que você tem em mãos, Rodrigo Bibo trata desse tema tão importante com uma abordagem simples, cativante e bem-humorada, mas sem abrir mão da profundidade bíblica. Você descobrirá que servir a Deus pode ser mais simples do que parece, mas, ainda assim, uma jornada desafiadora.

— CYNTHIA MUNIZ, teóloga e pastora anglicana

Tenho a alegria de recomendar *Como se tornar um cristão inútil*, o novo livro do meu amigo Rodrigo Bibo. Com a leveza e o humor que são marcas peculiares do seu ministério, Bibo aborda temas essenciais da fé cristã, como serviço, obediência e graça, de uma forma que nos faz refletir sobre nossas motivações e redescobrir a beleza do evangelho. Ele nos lembra que nossa caminhada com Cristo não é sobre mérito, mas sobre responder ao amor de Deus com humildade e gratidão. Ler este livro foi como sentar para uma conversa transformadora com um amigo que conhece bem os desafios da vida cristã. É uma leitura que encoraja, desafia e nos aproxima do cerne do evangelho: viver como servos que entendem que já foram servidos por Cristo em sua infinita graça.

— DANIEL GUANAES, pastor presbiteriano,
Ph.D. em Teologia e psicólogo clínico

Vivemos em uma sociedade de lógica utilitarista acrítica, onde decisões tanto simples como complexas são tomadas com critérios distantes da ética cristã. Neste livro, meu amigo Rodrigo Bibo resgata um conjunto de ensinamentos bíblicos que promovem uma vida baseada no amor a Deus e ao próximo. Trata-se de um texto urgente para todos os leitores e leitoras que desejam compreender porque Jesus nos ensinou a olhar para outras pessoas não com o desejo de consumir, mas de servir. Fruto de uma mente brilhante e um coração apaixonado por

Cristo, este livro apresenta *insights* poderosos que farão seus leitores repensarem o porquê fazem tantas coisas que, à luz do evangelho, não têm sentido. Este é um chamado para uma vida mais leve e inteligente.

— Davi Lago, escritor e pastor

Este livro me ensinou que a percepção do privilégio que temos em participar de tudo o que Deus está realizando é o cerne da nossa missão em seu reino — e, caro leitor, isso muda tudo. O que você tem em mãos é uma obra bíblica, pastoral e revolucionariamente simples para o seu dia a dia.

— Guilherme Nunes, professor e teólogo

Uma das coisas que mais admiro em alguém é a habilidade de comunicar verdades profundas de forma acessível e envolvente. É exatamente isso que Bibo faz em seu novo livro, com uma mistura única de inteligência, humor afiado e leveza. O resultado é uma leitura instigante, que desafia e transforma. Bibo foi ousado ao abordar, mais uma vez, temas muitas vezes evitados, mas que precisam ser enfrentados, porque têm nos levado a perder de vista nossa verdadeira identidade e missão como cristãos. Tenho certeza de que este livro será *muito útil* para cristãos que desejam repensar suas convicções e alinhar sua vida ao chamado de Deus, redescobrindo o seu papel na grande história que o Senhor está escrevendo no mundo. Deus falou comigo enquanto eu lia esta obra, e minha oração é que ele faça o mesmo com você. Prepare-se para ser desafiado e transformado!

— Tiago Mattes, pastor na Igreja Batista Redenção e autor de *Jesus não é quem você pensa* e *Burnout*

As citações bíblicas foram extraídas da Nova Versão Internacional, da Biblica Inc., salvo indicação contrária.

Copidesque	Daila Fanny
Revisão	Jean Xavier e Gabriel Braz
Design de capa	Gabê Almeida
Diagramação	Sonia Peticov
Ilustrações	Guilherme Match

Dados Internacionais de Catalogação na Publicação (CIP)
(Câmara Brasileira do Livro, SP, Brasil)

B581c Bibo, Rodrigo
1. ed. Como se tornar um cristão inútil / Rodrigo Bibo. – 1.ed. – Rio de Janeiro: Thomas Nelson Brasil, 2025.
176 p.; 12 x 18 cm.

ISBN 978-65-5217-136-8

1. Cristãos – Conduta de vida. 2. Cristianismo – Essência, natureza etc. 3. Escrituras cristãs. 4. Moral cristã. 5. Princípios bíblicos. 6. Reino de Deus. 7. Vida cristã. I. Título.

02-2025/43 CDD 230

Índice para catálogo sistemático:
1. Cristãos: Conduta de vida: Cristianismo 230
Bibliotecária responsável: Aline Graziele Benitez – CRB-1/3129

Rua da Quitanda, 86, sala 601A - Centro,
Rio de Janeiro/RJ - CEP 20091-005
Tel.: (21) 3175-1030
www.thomasnelson.com.br

RODRIGO BIBO

COMO SE TORNAR UM CRISTÃO INÚTIL

bibotalk

Thomas Nelson
Brasil®

Pois a paz que eu carrego é uma
carta que não fala nada...

Nada... De mim!

"Cartão-postal", Lorena Chaves

Não pregamos a nós mesmos,
mas a Jesus Cristo, o Senhor,
e a nós como escravos de vocês,
por causa de Jesus.

2Coríntios 4:5

AGRADECIMENTOS

Preciso começar agradecendo a todos os meus leitores. Vocês levaram *O Deus que destrói sonhos* muito longe. Vocês me ajudaram a ser lido por milhares de pessoas.

Agradeço aos meus amigos e amigas que sempre me incentivaram a escrever esta continuação e celebraram comigo cada testemunho que o livro anterior gerou.

Quero agradecer à minha casa editorial. Sem o trabalho de toda a equipe da Thomas Nelson Brasil, meu livro não estaria em uma cidadezinha pequena no interior de Minas Gerais. Além disso, eles sempre me deixaram à vontade para escrever e toleraram pacientemente meus quatro anos de atraso (risos).

Minha gratidão à minha família — Xanda, Milena e Kalel — por todo o amor ofertado, mesmo nas minhas ausências. Vocês sabem que tudo o que faço é para vocês.

E sou grato a Deus, que me deu a rica oportunidade de ter tanta gente legal e amorosa na minha vida, que me usou para escrever uma mensagem simples, mas importante, para sua igreja. É tudo para a tua glória, Deus.

PREFÁCIO

EM 1975, a banda de rock britânica Pink Floyd lançava o disco *Wish You Were Here* ("Queria que você estivesse aqui"). A faixa-título falava sobre a ausência de Syd Barrett, o primeiro guitarrista da banda e amigo dos integrantes. Ele havia se afastado dos trabalhos do Pink Floyd por causa de sua condição mental, agravada pelo uso constante de drogas alucinógenas. Nessa canção, ouvimos os versos compostos pelo amigo de Barrett, Roger Waters: "Você trocou o papel de coadjuvante em uma guerra pelo protagonismo em uma jaula".

No ministério pastoral, tenho visto pessoas que fazem a mesma escolha. Em vez de se enxergarem como uma pequena parte de uma guerra muito maior, agem como se fossem protagonistas de uma história particular que pertence a um universo religioso expandido. De uma forma completamente diferente daquela de Barrett, também tomam um alucinógeno: uma falsa e delirante teologia que as faz adentrar em uma viagem egocêntrica, na qual são os heróis de uma história que mais ninguém está vivendo.

Rodrigo Bibo começou a combater esse entorpecente teológico já no seu livro anterior, *O Deus que destrói sonhos*. Ali, somos apresentados a um Deus que é protagonista da história e que nos livra de nossas ilusões egoístas. Desde o lançamento desse livro, não cessam os testemunhos de pessoas que têm sido despertadas de enganos doutrinários alimentados por mestres da prosperidade e *coachs* de roupagem cristã. Mas ainda há trabalho a ser feito nesse processo de despertamento.

Talvez você já saiba que não é o mocinho dessa história, mas também não se contenta em fazer só uma ponta em um episódio. Você quer um papel recorrente na narrativa de Deus. Você sabe que não é o herói, mas ainda sonha em ser o *sidekick*; não somos o Batman, mas todos queremos ser o Robin ou, pelo menos, o comissário Gordon. O título deste livro, baseado em uma parábola bíblica, não deixa dúvidas: nossa relevância é a inutilidade.

Eu sei que falar que somos inúteis pode parecer duro, mas, na verdade, essa é uma boa notícia! Só a percepção da nossa inutilidade pode nos dar a verdadeira dimensão do amor de Deus. Ele não nos escolheu por sermos especialmente capacitados ou pelo papel crucial que desempenharíamos no seu plano. Ele nos amou por nos amar, e é dessa gratidão por um amor tão profundo que nasce nosso compromisso de adotar uma nova forma de viver. É com base no que Deus fez por nós em amor que respondemos a ele com obras de amor.

Mas não pense que essa mensagem levará você à inação diante de Deus. Este livro não é um convite à inatividade, mas uma restauração dos valores corretos que nos movem. Não somos movidos por orgulho pessoal, ambição egoísta, legalismo, culpa ou medo. Somos movidos pela fé firme no evangelho, que nos fala de um amor demonstrado por Deus em seu Filho.

Como se tornar um cristão inútil é uma obra necessária e oportuna para os cristãos brasileiros. Em tom leve e amigável, Rodrigo Bibo aborda alguns assuntos difíceis, convidando-nos a reavaliar as motivações de nossas obras no Reino. Tenho certeza de que a leitura atenta destas páginas levará cristãos a uma vida mais autêntica, grata e frutífera diante de Deus.

— CACAU MARQUES, pastor, professor e teólogo

INTRODUÇÃO

ANTES DE COMEÇAR E DAQUI PARA A FRENTE

ESTE LIVRO é uma continuação do primeiro volume que publiquei pela Thomas Nelson Brasil, *O Deus que destrói sonhos*. Nele, defendi que um discípulo de Jesus Cristo só tem um sonho possível: obedecer ao chamado de Deus. Esse sonho resulta da convicção de que Deus revelou sua vontade para nós nas Escrituras; por isso, ficar se perguntando qual é o propósito de Deus para sua vida demonstra falta de fé e infantilidade espiritual. Nosso chamado está claro na Bíblia, só precisamos ler e obedecer; mas isso, em última análise, é algo que vai demandar uma vida inteira.

Minha intenção não foi desestimular sonhos e projetos pessoais, mas destacar a importância de vivê-los na presença de Deus e sob a luz da sua Palavra. Seguir a direção bíblica é essencial, especialmente em um tempo em que muitas abordagens teológicas giram em torno dos desejos humanos, reduzindo Deus a um mero realizador de vontades, como se fosse um gênio da lâmpada. Chamei essa tendência de "teologia *good vibes*", e a internet tem se referido a ela como "teologia *coaching*". Esses ensinamentos distorcem a verdade e afastam as pessoas da centralidade de Deus — e isso é um grande erro!

Hoje mesmo, antes de escrever essas palavras, apareceu no meu Instagram uma breve reflexão feita por um pastor-*coach*. Ele apresentava a fé como uma ferramenta para conquistar as coisas. E fé não é isso, não é um conjunto de palavras que, acompanhadas de versículos bíblicos isolados e pensamentos positivos, movimenta a mão de Deus em nosso favor. Fé é fidelidade ao chamado de Deus para seu povo. É confiar que ele está presente em nosso meio. É saber que ele pode fazer o que quiser, o que inclui, claro, curar e abençoar. Mas a fé bíblica é acompanhada da sabedoria de que talvez Deus não aja assim comigo, e eu não serei considerado alguém sem fé só porque meu pedido foi negado.[1]

Em um dos capítulos de *O Deus que destrói sonhos*, explorei a oração-modelo de um discípulo de Jesus, que é a oração do Pai-Nosso. Nela, planos e projetos pessoais são recalibrados pela busca da santidade, do reino e da vontade de Deus, e por pedidos que remetem ao que é essencial para a vida: pão, perdão e peleja! Cada vez que oro e penso no Pai-Nosso, percebo que o Pai não é

[1] Trouxe mais definições de "fé" em meu livro *Teologia esfria o crente?* (Rio de Janeiro: Thomas Nelson Brasil, 2023).

só meu, que tenho irmãos e irmãs, e que também tenho uma missão.

E é exatamente sobre isso que falarei aqui: **a missão que Deus confiou a todos nós**. Se você está segurando este livro, imagino que, em algum momento, tenha entregado sua vida a Cristo. Assim, você já faz parte desse chamado, já está inserido nessa missão, mesmo que ainda não tenha percebido isso com clareza.

MAS POR QUE ESCREVER ESTE LIVRO?

Há algum tempo, tenho percebido um duplo problema recorrente em muitas igrejas: um cansaço espiritual e uma compreensão equivocada do que significa ser um seguidor de Cristo. Por um lado, vejo pessoas que estão sobrecarregadas, tentando *fazer algo para Deus*, quando, na verdade, foram chamadas para *ter comunhão com Deus*. São discípulos que perderam a alegria de servir porque estão tentando ganhar méritos com Deus. Por outro lado, observo cristãos que caíram no extremo oposto: vivem como espectadores, assistindo à fé de longe, esperando que alguém mais *importante* faça o trabalho.

Neste livro, quero desafiá-lo a reexaminar sua identidade como sacerdote de Cristo. Meu objetivo é ajudá-lo a compreender que, no Reino de Deus, não há lugar para protagonistas cheios de si, nem para espectadores passivos. Há apenas servos que cumprem sua tarefa com fidelidade e alegria, sabendo que não há mérito nisso, mas apenas graça.

Talvez você tenha estranhado a palavra "inútil" no título, achando que ela soa um pouco radical demais. Na verdade, foi o próprio Jesus que a utilizou em uma de suas parábolas, que estudaremos aqui. Nesse contexto, um servo "inútil" não era alguém sem valor ou função, mas uma pessoa que, ao cumprir seu dever, não se envaidece com isso. Em outras palavras, é quem entende que seu serviço não pode comprar o amor de Deus; pelo contrário, é uma resposta ao amor que já recebeu.

Se você chegou até aqui, espero que esteja disposto a seguir adiante. Não prometo respostas fáceis, mas, sim, um convite sincero para que possamos, juntos, redescobrir as alegrias e os desafios de ser um servo fiel no Reino de Deus. Minha oração é que este livro não seja apenas mais uma leitura da sua lista, mas um marco em sua caminhada com Cristo.

PARABÉNS!
NÃO FEZ MAIS QUE
A OBRIGAÇÃO.

CAPÍTULO 1

COMO ASSIM, "INÚTIL"?

VOCÊ JÁ VIU, ao vivo ou em um *meme*, os pais ou responsáveis de um formando, no dia da formatura, segurarem um cartaz dizendo: "Parabéns, não fez mais que a obrigação"? Confesso que, de primeira, achei a brincadeira meio estúpida, mas depois entendi, concordei e dei risada. É exatamente isto: não fez mais que a obrigação. Sem dúvida, é importante comemorar a formação — afinal, a faculdade é uma saga que muitos começam e não terminam. Mas quem se forma, em resumo, só cumpriu a obrigação que propôs a si mesmo no começo dos estudos. Nada mais.

Em Lucas 17:7-10, Jesus conta uma história que evoca uma ideia parecida. Veja só:

> *Qual de vocês, tendo um servo que esteja arando ou cuidando das ovelhas, lhe dirá, quando ele chegar do campo: "Venha agora e sente-se para comer"? Ao contrário, não dirá: "Prepare o meu jantar, apronte-se e sirva-me enquanto como e bebo; depois disso, você*

pode comer e beber"? Será que ele agradecerá ao servo por ter feito o que lhe foi ordenado? Assim também vocês, quando tiverem feito tudo o que for ordenado, devem dizer: "Somos servos inúteis; apenas cumprimos o nosso dever".

Cristo contou essa pequena parábola, chamada de "parábola do servo inútil", aos seus apóstolos, aqueles que ele mesmo escolheu para que fossem seus representantes no conserto do mundo. Entretanto, gosto de imaginar que os fariseus e mestres da lei também ouviram esse discurso, visto que, em Lucas 15, eles faziam parte da audiência e nada indica que a plateia mudou no capítulo 17. Além disso, essa parábola seria bem propícia a eles, já que o ensinamento do Mestre orienta os discípulos para uma direção oposta à dos fariseus. Esses religiosos eram muito criticados por Jesus por se orgulharem de sua espiritualidade circense e se considerarem servos dignos de louvor.

PORQUE NADA ADIANTA TERMOS UMA MENTE DE SERVO SE ANTES NÃO TIVERMOS NO CORAÇÃO A CONVICÇÃO DE QUE O SENHOR NOS SERVIU PRIMEIRO.

A crítica dessa parábola é justamente a servos que, por fazerem sua obrigação, acreditam merecer tapinhas nas costas. Mas, antes de estudarmos essa narrativa, é importante entender o que Jesus tem em mente quando fala de serviço. Para isso, vamos dar uma olhada na parábola dos servos em prontidão, em Lucas 12:35-40. Sabe por quê? Porque nada adianta termos uma mente de servo se antes não tivermos no coração a convicção de que o Senhor nos serviu primeiro. Isso impacta diretamente nossa compreensão de serviço. A parábola diz o seguinte:

> *Estejam prontos para servir e conservem acesas as suas lâmpadas, como aqueles que esperam o seu senhor voltar de um banquete de casamento, a fim de que possam abrir-lhe a porta imediatamente quando ele chegar e bater. Bem-aventurados os servos cujo senhor, quando voltar, os encontrar vigiando. Em verdade lhes digo que ele se vestirá para servir, fará que se reclinem à mesa e virá servi-los. Mesmo que ele chegue de noite ou de madrugada, bem-aventurados os servos que o senhor encontrar preparados. Contudo, entendam isto: se o dono da casa*

> *soubesse a que hora viria o ladrão, não permitiria que a sua casa fosse arrombada. Estejam também preparados, pois não sabem a hora quando o Filho do homem virá. (Lucas 12:35-40)*

A ideia de um senhor servir aos seus escravos é completamente impensável em qualquer época ou cultura. Por isso, declarações e ações de Jesus como aquela do lava-pés (João 13:1-17) são tão chocantes: elas invertem a lógica humana.[1] Kenneth Bailey, estudioso das parábolas de Jesus, afirmou:

> *Nesta parábola, a mensagem é dramática e poderosa. Aquele que está preparado e disposto a servir, e espera pacientemente a culminação final do governo divino, vai descobrir-se* servido *por aquele que está esperando e quer servir. Essa cena é localizada na* parousia [segunda vinda de Jesus], *mas Lucas 22:27 e João 13:3-5 tornam claro que Jesus* já *está entre eles como mestre e senhor que serve.*[2]

---

[1] BAILEY, K. E. *As parábolas de Lucas*. São Paulo: Vida Nova, 2022. p. 356.
[2] BAILEY, 2022, p. 356.

Causa admiração que Jesus não somente tenha ensinado sobre o serviço ao próximo, mas também o tenha executado durante seu ministério terreno, prometendo ainda servir a todos os fiéis no porvir. Em Lucas 22:24-30, Jesus também ensina que maior é aquele que serve, o que constitui um importante legado para seus seguidores. O reino que Cristo inaugurou tem como pilar a renúncia à grandeza deste mundo — o ser servido —, que é substituída pela prática subversiva proposta por Jesus — o servir.

Com isso em mente, temos as informações necessárias para explorar Lucas 17 e a parábola do servo "inútil". Não sei se você percebeu, mas tenho usado a palavra "inútil" entre aspas. Sabe por quê? Aqui já trago uma reviravolta: "inútil" talvez não seja a melhor palavra para se referir ao servo.

Veja bem: Jesus não questiona o trabalho do servo. Pelo contrário, afirma que ele cumpriu sua tarefa no campo e dentro de casa; logo, ele não é sem utilidade. Então, o que quer dizer: "Assim também vocês, quando tiverem feito tudo o que for ordenado, devem dizer: '*Somos servos inúteis*; apenas cumprimos o nosso dever'" (v. 10)? Para responder a isso, precisamos dar uma olhadinha na palavra grega *achreios* (se você quiser pronunciar, esse *ch* é meio gutural, como em algumas palavras no alemão). *Achreios*, comumente traduzido por “inútil”, não é muito fácil de traduzir. Além de “inútil”, outras possibilidades de tradução seriam: sem valor, sem méritos, indigno. Levando em consideração o contexto da parábola, “sem méritos” ou “indigno” parecem ser termos mais adequados. Então, minha sugestão para o verso 10 é: “Da mesma forma, quando vocês obedecem, devem dizer: ‘Somos servos que não têm mérito algum; apenas cumprimos nosso dever”.[3] Ou seja, apesar de o servo ser útil e obediente, ele reconhece que não tem mérito nisso, pois só fez o que se espera de um escravo[4] (se você não tem o hábito de ler as notas de rodapé, essa aqui você precisa ler, hehe).

> "DA MESMA FORMA, QUANDO VOCÊS OBEDECEM, DEVEM DIZER: 'SOMOS SERVOS QUE NÃO TÊM MÉRITO ALGUM; APENAS CUMPRIMOS NOSSO DEVER.'"

[3] Meus amigos Marcelo Berti e Guilherme Nunes, professores de grego bíblico, me deram uma consultoria e aprovaram minha tradução.

[4] Não se assuste com a palavra “escravo” aqui, pois é justamente isso que a palavra grega *doulos* significa. Eu tenho um capítulo inteiro sobre isso em *O Deus que destrói sonhos*. Grosso modo, “escravo” significa aquele que obedece a um senhor. Na época da Bíblia, nem sempre se tratava de um trabalho ruim ou forçado. Como sempre obedecemos a alguém, que seja, então, ao nosso Criador!

É tipo o lance de ser uma pessoa madura: você não espera aplausos por fazer aquilo que se espera de gente crescida. Tem muito cônjuge que busca elogios do outro porque lavou uma louça; funcionário que pede aumento porque chega no horário; e cristão que quer uma bênção porque serve na igreja.

JESUS NÃO SE IMPRESSIONA COM VOCÊ

Alguém já disse que não há nada que possamos fazer para que Deus nos ame mais ou menos; ele simplesmente nos ama e já provou isso na cruz. A parábola do servo sem mérito revela algo muito simples que vai nessa mesma direção: nossas boas obras não impressionam Deus. Ainda que desempenhem um papel importante no testemunho que damos ao mundo (confira Mateus 5:16), elas não aumentam um centímetro sequer o amor de Deus por nós, nem garantem bênçãos como recompensa.

Calma! Não estou dizendo que as obras não têm valor algum. A ideia de que nossas obras implicam tanto galardão[5] como julgamento na Bíblia (1Coríntios 3:13-15; 2Coríntios 5:10; Apocalipse 20:11-15) significa

[5] Para ouvir uma conversa bem legal sobre galardão, assista a "O que é galardão? BTPapo 017" no canal Bibotalk no YouTube.

que aquilo que fazemos tem valor para além desse tempo que se chama “hoje”. Contudo, o amor de Deus não pode ser comprado porque já nos foi dado gratuitamente. Isso implica evitar uma tentação constante na vida cristã: a de buscar mérito e reconhecimento por nossa devoção, isto é, me sentir digno da bênção de Deus só porque fiz a coisa certa.

Fazer o certo é o mínimo que se espera de qualquer pessoa que viva em sociedade. Um cristão, aliás, nem é definido pelas coisas certas que faz. Se fosse assim, o cristianismo seria realmente só mais uma religião no mundo. Além disso, qualquer pessoa pode praticar boas ações, seja lá qual for sua crença. Não só pode, como, de fato, pratica. Já pensou se todo o bem neste mundo dependesse apenas dos crentes?

O cristianismo não pode ser reduzido àquilo que fazemos ou cremos. John Stott, um dos meus escritores anglicanos favoritos, falou sobre isso no livro *Como ser cristão*. Ele ressalta que o cristianismo não se trata simplesmente de acreditar em doutrinas ou credos. Afinal, até o Diabo crê. Também não é um código de conduta e moralidade, pois, se assim fosse, seria só mais uma religião com base na obediência a regras. O cristianismo não é um culto, um sistema de adoração religiosa, até porque muita gente que frequenta a igreja está bem longe de ser cristã. Assim, de acordo com Stott:

O cristianismo não é nem um credo, nem um código, nem um culto, se bem que cada uma dessas coisas tenha a sua devida importância. Ele não é, em sua essência, um sistema intelectual, nem ético, nem cerimonial, nem mesmo os três juntos. É perfeitamente possível (embora raro, devido à dificuldade) ser ortodoxo na crença, correto na conduta e escrupuloso na observância da religião, e ainda assim não captar o cerne do cristianismo.[6]

Se o cristianismo não são credos, cultos e códigos morais, então é o quê? A resposta é uma só: Cristo! Só em Cristo fazem sentido obediência, culto e doutrina. Ser cristão é confiar nos méritos de Cristo e trilhar o caminho da dependência. Não há espaço para méritos pessoais nessa jornada!

SE O CRISTIANISMO NÃO SÃO CREDOS, CULTOS E CÓDIGOS MORAIS, ENTÃO É O QUÊ? A RESPOSTA É UMA SÓ: CRISTO!

[6] STOTT, J. *Como ser cristão*: um guia prático para a fé cristã. Viçosa: Ultimato, 2016. p. 22.

MAS JESUS NÃO ESPERA NADA DE MIM?

Eu disse que Jesus não se impressiona com a gente e que nossos méritos não nos levam para o céu. Contudo, isso não significa que Deus não espere nada de seus filhos.[7] Ele espera, por exemplo, que sejamos imitadores de Cristo, como podemos ler em Efésios 5:1 ou em 1Coríntios 11:1. É notável constatar que, em 1Coríntios 11, quando Paulo convoca os leitores para serem seus imitadores, como ele é de Cristo, o apóstolo está orientando os crentes maduros, os mais fortes na fé, a terem empatia com os mais fracos. Ou seja, os irmãos mais esclarecidos devem servir em amor àqueles que ainda têm uma fé débil. O texto aos efésios, por sua vez, evoca a bondade e a compaixão que devem marcar a comunidade daqueles que têm uma nova natureza em Cristo. Nas duas passagens, imitar a Cristo aponta para uma vida de serviço ao outro. O teólogo Karl Barth disse:

> *Em termos gerais, servir é o dispor-se,*
> *trabalhar e fazer de modo que uma*

[7] Esse é um tema bem amplo, e não é possível abordá-lo aqui de forma completa. Recomendo, então, a leitura de livros sobre santificação e disciplinas espirituais. Algumas indicações: *Disciplinas espirituais e a vida com Deus* (Vanessa Belmonte, Thomas Nelson Brasil/Purpose Paper, 2024); *Liturgia do ordinário* (Tish Warren, Thomas Nelson Brasil/Pilgrim, 2021); *A conspiração divina* (Dallas Willard, Thomas Nelson Brasil, 2021).

> *pessoa age não de acordo com seus próprios propósitos ou plano, mas tendo em vista o propósito de uma outra pessoa e conforme a necessidade, a disposição e o direcionamento de outros. É um ato cuja liberdade é limitada e determinada pela liberdade do outro, um ato cuja glória se torna cada vez maior na medida em que o realizador não se preocupa com sua própria glória, mas com a glória do outro.*[8]

Diante disso, uma questão se levanta: quem é esse outro que preciso servir? A resposta não apenas parece, como de fato é, simples. Contudo, nossa forma de viver e gastar os recursos que temos demonstra que ainda precisamos aprender a simplicidade ensinada por Jesus. Assim, observar outra parábola nos ajudará a responder com propriedade a essa pergunta. Em Lucas 10, um especialista da lei tenta encurralar Jesus com a seguinte pergunta:

> *— Mestre, que farei para herdar a vida eterna?*

---

[8] BARTH apud PETERSON, Eugene. *Uma longa obediência na mesma direção*. São Paulo: Cultura Cristã, 2005. p. 42.

> *— O que está escrito na lei? — respondeu Jesus. — Como você a interpreta?*
>
> *Ele respondeu: — "Ame ao Senhor, o seu Deus, com todo o seu coração, com toda a sua alma, com todas as suas forças e com todo o seu entendimento" e "Ame ao seu próximo como a você mesmo".*
>
> *Jesus disse:*
>
> *— Você respondeu corretamente. Faça isso e viverá.* (Lucas 10:25-28)

O homem não ficou satisfeito, e acabou caindo ele mesmo na arapuca argumentativa de Jesus. Então, resolveu fazer outra pergunta: "Quem é o meu próximo?" (v. 29). Nesse momento, o Mestre aproveita para contar mais uma história, cujo objetivo é ensinar um princípio do reino de Deus. Trata-se da parábola do bom samaritano, que fala sobre um homem que foi atacado por bandidos e abandonado à morte na beira da estrada. Dois religiosos judeus, um sacerdote e um levita, passam direto pelo homem, ao passo que um samaritano, ao ver seu estado, tem compaixão e decide ajudá-lo. Depois de contar essa história, Jesus retoma o diálogo: "'Qual destes três você acha que foi o próximo do homem que caiu nas mãos dos assaltantes?' 'Aquele que teve misericórdia dele', respondeu o perito na lei. Jesus lhe disse: 'Vá e faça o mesmo'" (v. 36-37). Se eu dirigisse essa cena na série *The Chosen*, congelaria a câmera no rosto de Jesus, colocaria nele aquele oculozinho escuro de *meme* e tocaria o refrão de "Turn Down For What", haha. (Eu sei que esse *meme* é velho e admito que Cacau Marques, meu grande amigo, vive dizendo que preciso me atualizar.)

Mas vamos nos concentrar em alguns ensinamentos dessa parábola. A primeira coisa que precisamos ter em mente é que ela faz parte de um diálogo de Jesus com um mestre da lei, que está perguntando o que ele deve fazer para herdar a vida eterna. Bem, a pergunta parece meio sem sentido, pois herdar é sempre consequência de uma relação. Entretanto, nos tempos de Jesus, predominava a crença de que os praticantes da lei seriam salvos, tanto que se dizia: "Grande é a Torá, pois ela dá aos que a praticam vida neste mundo e no porvir".[9] Provavelmente, ao fazer essa pergunta, o doutor da lei esperava que Jesus respondesse com um *checklist*. Contudo, como já aprendemos, a vida com Deus não é uma lista de tarefas, mas um caminho em Jesus. Em sua resposta, Jesus não ignora a lei; pelo contrário, ele a traz para a conversa e destaca sua verdadeira essência: o amor por Deus e pelo próximo.

[9] BAILEY, 2022, p. 96.

No Antigo Testamento, a lei era considerada uma dádiva de Deus para seu povo. Era fruto da libertação do Egito e uma orientação para que vivessem bem na terra em que entrariam. Não era o cumprimento da lei que salvaria ou garantiria a vida na terra, mas unicamente Deus; o salvo, aquele que foi encontrado pela graça, vive na Lei que Deus deu. Nós, agora, vivemos na lei de Cristo, ele é o nosso sumo sacerdote, e nós seguimos em seu caminho.

A VIDA COM DEUS NÃO É UMA LISTA DE TAREFAS, MAS UM CAMINHO EM JESUS.

No caminho de Jesus, não basta conhecer a lei: é preciso colocar em prática o que se sabe. A Bíblia ensina, do início ao fim, o cuidado e o amor que devemos ter para com o próximo. O mestre da lei sabia disso, assim como os líderes religiosos da parábola, mas ele não esperava que, na história que Jesus conta para ilustrar esse preceito, o exemplo a ser seguido fosse um samaritano. Os samaritanos não eram um povo benquisto pelos judeus, por conta de umas tretas antigas.[10]

[10] Para saber mais detalhes sobre a parábola do bom samaritano, ouça o episódio "O Bom Samaritano — BTCast 053", do Bibotalk.

Os líderes religiosos da parábola não se envolveram com o homem caído no caminho. Fosse por questões religiosas, fosse por medo de bandidos, eles escolheram seus próprios interesses e não tiveram compaixão. Já o samaritano colocou a vida e os recursos a serviço daquele estranho; ele se envolveu com o necessitado, foi o "próximo" dele. Jesus intencionalmente muda o foco da conversa sobre o que fazer para herdar a vida eterna — ele sabe que o ser humano não pode fazer nada, é tudo graça — e o direciona para uma vida de compaixão e serviço que não visa à salvação própria, mas olha para aqueles que estão por perto e precisam de ajuda.

"E QUEM É O MEU PRÓXIMO?". É QUEM PRECISA DE TI! UMA PERGUNTA MAIS ADEQUADA SERIA: "DE QUEM EU SOU O PRÓXIMO?".

Como o doutor da lei, você pode perguntar: "E quem é o meu próximo?". É quem precisa de ti! Uma pergunta mais adequada seria: "De quem EU sou o PRÓXIMO?". Como explicou certo comentarista bíblico, ser próximo de alguém não é uma característica que se recebe por herança, mas uma decisão consciente de oferecer a ajuda concreta que está ao alcance àqueles que necessitam, independentemente de quaisquer diferenças étnicas, religiosas, culturais ou raciais.[11]

Esses ensinamentos e os que ainda estudaremos (estou torcendo para você terminar este livro!) não vão brotar no solo do nosso coração da noite para o dia. Trata-se de um processo; contudo, processos precisam ter um começo. Espero que essas palavras estimulem seu começo ou deem aquele gás para o meio da sua caminhada.

VOLTANDO À PARÁBOLA DO SERVO SEM MÉRITOS

Com a parábola do servo sem méritos em Lucas 17, aprendemos que:

- O discípulo é alguém que entende seu lugar como servo/escravo do Senhor;
- A salvação é uma dádiva e não pode ser conquistada com nossa obediência;
- O servo de Deus trabalha para cumprir seus deveres, não para fazer reivindicações.[12]

Como eu disse anteriormente, Deus nos serviu primeiro e Cristo veio até nós como servo (Lucas 22:27).

[11] EDWARDS, J. R. *O comentário de Lucas*. São Paulo: Shedd, 2019. p. 418.
[12] BAILEY, 2022, p. 365-6.

Contudo, "Deus não se tornou servo para nós podermos dar-lhe ordens, e sim para que nós pudéssemos unir-nos a ele numa vida redentora".[13] O chamado que recebemos de Jesus, de servir ao mundo por meio do ministério da reconciliação (confira 2Coríntios 5:11-21), é extremamente significativo. Esse serviço é movido por amor voluntário, não por obrigação. O tio Tom, meu professor anglicano vivo preferido, nos ajuda a entender isso melhor:

> *A energia para se levantar e viver como cristão, como alguém que trabalha para o evangelho, não vem do frio sentimento de responsabilidade, nem do medo de ser punido se você não fizer a sua parte, mas como a resposta amorosa de um coração caloroso. Resposta ao amor que o alcançou, que desceu e nos encontrou.*[14]

Meu amigo Cacau Marques disse em um encontro que tivemos com nossos ouvintes: "Devemos encarar a vida como dádiva, e não como tarefa". O fato de termos

[13] PETERSON, 2005, p. 43-4.

[14] WRIGHT, N. T. *Paulo para todos*: 2Coríntios. Rio de Janeiro: Thomas Nelson Brasil, 2020. p. 78.

sido criados por Deus é uma dádiva. Quando ele fez o ser humano, deixou algumas tarefas: cuidar do jardim do Éden e cultivá-lo (Gênesis 2:15). Mas, ainda que cultivar e guardar sejam vocações concedidas ao ser humano, o sentido da sua existência não é quanto ele cultiva ou guarda, mas com quem se relaciona no fim do dia.

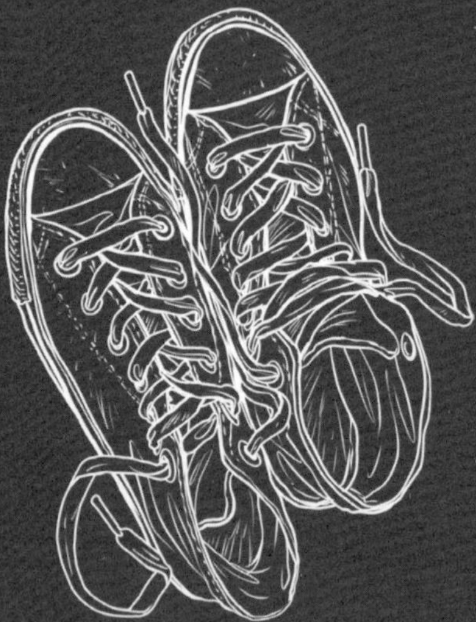

CAPÍTULO 2

OS NOVOS SACERDOTES DE DEUS

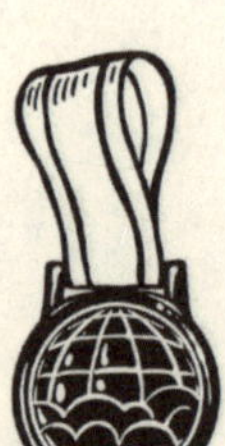

CERTO DOMINGO à noite, eu estava pregando em uma igreja e perguntei: "Quantos de vocês se consideram ministros ou ministras do evangelho?". Os obreiros atrás de mim levantaram as mãos, e algumas poucas pessoas na plateia também. Então, reformulei: "Quem aqui se considera servo ou serva de Deus?". O número de mãos que se levantaram foi um pouco maior; contudo, ainda ficou aquela impressão de que a maioria dos cristãos não sabe quem é em Cristo e qual é seu lugar na história que Deus está escrevendo na terra. Esse não foi o único dia em que recebi a mesma resposta a essas perguntas. Infelizmente, muitos irmãos e irmãs, por não terem um título ou um cargo na igreja, não se enxergam como servos/ministros de Deus.

Essa crise de identidade surgiu na história da igreja quando bispos ou pastores foram considerados sucessores do apóstolo Pedro. Aos poucos, ser ministro do evangelho correspondia a ocupar um cargo dentro da estrutura eclesiástica. Naturalmente, ao longo dos séculos, houve movimentos de resistência à institucionalização do serviço a Deus; na Reforma Protestante, uma teologia do sacerdócio real de todos os crentes ganhou mais espaço.[1]

Contudo, em pleno século 21, ainda precisamos enfatizar — e muito — o aspecto sacerdotal da nossa identidade em Cristo, visto que muitos ainda não abraçam o que a Bíblia diz sobre ser parte do povo de Deus. Se quisermos viver integralmente os planos de Deus para a igreja, é necessário ler as Escrituras com atenção. Entre os textos bíblicos que falam do nosso sacerdócio, escolhi 1Pedro 2 como ponto de partida para pensar sobre o assunto.

SACRIFÍCIOS ESPIRITUAIS EM PLENA SEGUNDA-FEIRA

Um dos objetivos de Pedro ao escrever sua primeira carta é levar os leitores a entenderem que aquilo que aconteceu na cruz tem implicação direta na forma de compreenderem quem são (identidade) e como vivem (testemunho). Na nota de estudo da Bíblia Thomas Nelson podemos ler:

> *A obra de Jesus é o alicerce daquilo que os seus seguidores devem se tornar.*

[1] É fato que o próprio movimento iniciado por Lutero adotou posteriormente, em sua prática litúrgica, o elitismo clerical. Alas reformadas também abandonaram o conceito, visto que só pessoas ordenadas podem ministrar os sacramentos. No seu livro *Igreja*: um relato teológico e histórico (São Paulo: Shedd, 2017), Gerald Bray aborda a história do surgimento do clero.

> *Aproximando-nos de Cristo, que é a pedra angular viva da casa de Deus, nós somos "pedras vivas" na construção de um templo espiritual em que a presença de Deus habita na terra.* (1Pe 2:4-5)
>
> *Outrora não éramos um povo, mas agora somos o povo escolhido de Deus, chamados para ser um sacerdócio real, uma nação santa e a propriedade especial de Deus.* (1Pe 2:9-10)[2]

Ao longo do capítulo 2, Pedro constrói a ideia de que, em Cristo, somos "pedras vivas na edificação de uma casa espiritual", isto é, a igreja; nela, todos nós somos sacerdotes que oferecem sacrifícios espirituais a Deus: "Vocês também estão sendo utilizados como pedras vivas na edificação de uma casa espiritual para serem sacerdócio santo, oferecendo sacrifícios espirituais aceitáveis a Deus, por meio de Jesus Cristo" (v. 5).

O desempenho do sacerdócio no Antigo Testamento era restrito e de extrema relevância, pois o sacerdote era responsável por intermediar a relação do povo com Deus. Em outras palavras, a espiritualidade de Israel passava pelo sacerdote. Acontece que todo o sistema

[2] BÍBLIA DE ESTUDOS THOMAS NELSON BRASIL. Rio de Janeiro: Thomas Nelson Brasil, 2023. p. 2405.

religioso da antiga aliança foi sublimado em Cristo: acabaram o templo, o lugar sagrado e as hierarquias religiosas. Agora, toda a terra é solo sagrado e todo crente é sacerdote do Deus vivo. Em Cristo, por meio do Espírito Santo, temos uma vida litúrgica. Em outras palavras: nunca saímos do culto, pois ele não acaba com a bênção no fim da reunião no domingo, mas se estende pela nossa rotina durante a semana. Somos sacerdotes de *All Star* e chinelo de dedo, demonstramos a sacralidade de cada momento da vida: comprando pão, ajudando quem precisa e anunciando as boas-novas ao desconhecido na fila do mercado. Esses são os sacrifícios espirituais que Deus espera.

> **SOMOS SACERDOTES DE *ALL STAR* E CHINELO DE DEDO, DEMONSTRAMOS A SACRALIDADE DE CADA MOMENTO DA VIDA: COMPRANDO PÃO, AJUDANDO QUEM PRECISA E ANUNCIANDO AS BOAS-NOVAS AO DESCONHECIDO NA FILA DO MERCADO.**

Talvez você esteja se perguntando: "Como assim? Acabaram o templo, o lugar sagrado e as hierarquias religiosas? Eu frequento uma igreja que é um templo, inclusive chamada de 'casa de Deus'. Nesse templo, há um púlpito, que dizem ser um lugar sagrado. E também os pastores, a hierarquia religiosa. Como assim você pode dizer que tudo isso acabou?".

Vamos por partes!

A CASA DE DEUS

Onde Deus habita? Para responder a essa pergunta, começaremos pelo próprio texto de Pedro, que lemos anteriormente: "Vocês também estão sendo utilizados como pedras vivas na edificação de uma casa espiritual". Disso extraímos algumas lições:

1. Somos pedras vivas porque Cristo é a pedra viva (v. 4);
2. Cristo é a pedra angular, fundamental;
3. Apenas nele é que podemos ser vivificados (v.5). Só por meio de Cristo um templo espiritual pode ser erguido.

Nas palavras de Karen Jobes, uma teóloga muito respeitada:

> *A comunidade cristã é retratada como um templo, significando que agora ela — e não um edifício de pedras literais — é o lugar*

> *da habitação terrena de Deus mediante o Espírito Santo, um lugar de adoração verdadeira e sacrifício aceitável.*[3]

A ideia de que Deus não habita em templos feitos por mãos humanas é clara no Novo Testamento (Atos 7:48; 17:24), mas no Antigo Testamento já lemos que o céu é o trono de Deus (Isaías 66:1). Na dedicação do templo, o próprio Salomão reconhece que nada pode conter Deus (1Reis 8:27). O templo em si não era um problema; o problema estava na religiosidade e na idolatria que foram criadas dentro e a partir do templo, no qual se tentava aprisionar Deus. Ao comentar o discurso de Estêvão em Atos 7, o professor Grant Osborne enfatizou:

> *Aqui, o interesse de Estêvão é que, ao contermos Deus em uma edificação como o templo, não podemos controlá-lo, e na verdade ele não pode ser contido ou controlado pelo poder humano. [...] Nada "feito por mãos humanas" pode se comparar ao Altíssimo. Israel havia estagnado em uma idolatria ao próprio*

[3] JOBES, K. H. *1Pedro*: comentário exegético. São Paulo: Vida Nova, 2022. p. 162.

> *templo, quando o objetivo verdadeiro era facilitar a adoração de Deus.*[4]

O que era para ser o símbolo do encontro entre céu e terra se tornou um antro de conspiradores sem fé. O templo não manifestava mais a presença de Deus nem representava sua missão entre as nações, por isso Jesus profetizou sua destruição (Marcos 13:2) e falou do seu próprio corpo como templo (João 2:19ss.). Assim, a ausência de um templo não significa a ausência de Deus, visto que Jesus é o reino de Deus no meio do povo, ou, como disse o tio Tom, "Jesus, por assim dizer, era um templo ambulante — a habitação do Deus de Israel, com vida e fôlego".[5] Por isso, se estamos em Cristo, somos a casa de Deus, e há um aspecto comunitário nisso. Como bem frisou Karen Jobes:

> *Na imagem que Pedro apresenta, os cristãos não são individualmente templos de Deus. Cada um deles é colocado em algum lugar da casa espiritual com o propósito de ser um sacerdócio santo que oferece*

[4] OSBORNE, Grant. *Atos dos Apóstolos*: comentário expositivo. São Paulo: Carisma, 2022. p. 180.

[5] WRIGHT, N. T. *Simplesmente Jesus*. Rio de Janeiro: Thomas Nelson Brasil, 2020. p. 72-3.

> *sacrifícios aceitáveis a Deus [...]. A imagem de pedras vivas sendo edificadas em uma unidade singular significa que a importância e o propósito do cristão individual não podem ser realizados sem a comunidade com outros crentes.*[6]

Esse aspecto comunitário merece ser destacado, pois vivemos em um tempo no qual as pessoas deixam de congregar por motivos pequenos e afirmam não precisar de igreja porque são o templo de Deus. De fato, o apóstolo Paulo fala que nosso corpo é o templo do Espírito Santo (1Coríntios 6:19), mas nós devemos ler essa fala do apóstolo à luz da declaração de que a igreja é construção e santuário de Deus. O "eu sou casa de Deus" só faz sentido e só é possível diante do "Vocês não sabem que são templo de Deus e que o Espírito de Deus habita em vocês?" (1Coríntios 3:16). A preocupação de Paulo (e de Pedro) é preservar a unidade da igreja, não a individualidade do crente, até porque um tijolo sozinho nada constrói.

O PÚLPITO É UM LUGAR SAGRADO?

Muitas vezes já ouvi pregadores se referirem ao púlpito da igreja como um lugar sagrado. Eu, porém, acho

---

[6] JOBES, 2022, p. 162.

que isso não combina com o Novo Testamento. Se o prédio da igreja não é a casa de Deus, logo não existem cômodos sagrados. Não estamos no Templo de Israel, que tinha suas divisões especiais, nem em uma igreja católica romana, que tem a teologia do altar e da presença real de Cristo na eucaristia. Penso que, para o Novo Testamento, o local não importa, visto que, onde o povo de Deus estiver, ali Deus estará. Em outras palavras, tendo onde sentar e algo para apoiar a Bíblia, tá valendo! Recentemente, surgiu toda uma polêmica em torno das igrejas de parede preta, com pregadores dizendo que Deus não habita lugares assim, que santuário não precisa de jogo de luz e que púlpito não é lugar para subir de tênis. Alguém chegou a declarar: "Eu sou do tempo [...] em que o púlpito era sagrado; hoje não é mais sagrado, e sabe-se que o púlpito não é sagrado pelos tênis dos pregadores, isso aqui [aponta para o chão do púlpito] não é lugar de tênis, é lugar de sapato". Obviamente, esse pregador não tem base bíblica para afirmar tal coisa e, antes que você pense que isso é coisa de antigamente, saiba que essa fala é de 2024. Ainda que tenha sido dita por uma pessoa mais velha, foi aplaudida pela multidão, que incluía jovens pregadores. A ideia continua se perpetuando.

Essa opinião reflete uma mentalidade que pretende defender a seriedade de subir em uma plataforma e comunicar a Palavra de Deus, mas de uma forma que não encontra apoio bíblico. Sacralizar lugares, roupas e acessórios não tem respaldo no Novo Testamento, que ensina que o importante na ministração da palavra e no serviço geral no reino de Deus é onde meu coração está, e não o que estou vestindo. É claro que se espera bom senso na vestimenta, mas roupas mudam de acordo com o clima e a cultura. Por isso, não posso afirmar que púlpito é lugar de sapatos, pois é possível que em outro lugar sapatos nem sejam utilizados.

Quero ressaltar que não sou contra vestimentas ou aparatos litúrgicos, pois reconheço sua importância pedagógica e teológica. Tenho amigos que seguem o calendário litúrgico, usam colarinho clerical e acendem velas em determinados períodos do ano, entre outras práticas. Desde que essas práticas não sejam consideradas a única forma correta de culto e adoração a Deus, e que aqueles que não as praticam não sejam considerados hereges, podemos focar no que é essencial na adoração pública: o povo reunido em torno de Jesus, ouvindo sua palavra e louvando o seu nome.

POR UMA IGREJA SEM CHEFES

Esse tópico é um dos pontos centrais da tese deste livro, tanto que falarei mais sobre isso nos próximos capítulos. Quando eu disse que não existe mais hierarquia entre o povo de Deus, é porque não existe mesmo. Em Cristo, somos todos nivelados por baixo: um bando de pecadores carentes de salvação. Em Cristo, somos todos servos uns dos outros e temos o direito de cuidar da vida uns dos outros (cuidar é diferente de se meter).

Líderes na nova aliança, na qual todos podem ser cheios do Espírito, não são chefes do povo ou maiorais no reino de Deus, ainda que tenham alguma autoridade na comunidade. Ser pastor ou presbítero não coloca ninguém na prateleira de cima ou no topo do organograma espiritual. Nem os apóstolos arrogaram para si essa superioridade, pois aprenderam com Jesus quando ele disse: "O maior entre vocês deverá ser servo" (Mateus 23:11).

No meio evangélico, não usamos tanto os termos "clérigos" (que seriam os bispos ou pastores) e "leigos" (os demais), mas as hierarquias que eles representam estão bem presentes. Na televisão e na internet, pastores se colocam como "homens de Deus" e ameaçam aqueles que questionam sua teologia e prática. Acreditam ser diferentes do restante do povo. É fato que muitos líderes religiosos ainda hoje preservam uma ideia de superioridade em relação aos membros da igreja, como disse o teólogo Gerald Bray: "Os pastores protestantes, apesar de todo o empenho em negar tal coisa, são considerados pela maioria de suas igrejas quase da mesma forma que católicos consideram os padres".[7]

Muitos anos atrás, escrevi no meu finado blog *Ócio Teológico* um texto chamado "Catolicidade romana pentecostal". Tracei paralelos entre o catolicismo romano e o pentecostalismo. Um desses paralelos era a infalibilidade pastoral e a representatividade do pastor diante de Deus em nome da igreja. A fim de exemplificar, relatei uma experiência em primeira mão. Ouvi de um obreiro a seguinte frase: "Bibo, precisamos obedecer ao 'pastor X', pois ele é nosso representante perante Deus". Por causa dessa mentalidade, muito abuso acontece dentro da igreja. Muitos exemplos poderiam ser citados, como os relatados em *O grito de Eva*[8] ou *Uma igreja chamada TOV*,[9] mas nosso foco aqui é outro. A questão a ser analisada é se a distinção hierárquica entre pastores (clérigos) e membros (leigos) tem base bíblica.

Clérigos e leigos

A maioria de nossas igrejas entende que "leigo" é aquela pessoa não ordenada que ajuda o pastor no serviço

[7] BRAY, 2017, p. 269.

[8] CESAR, Marília de Camargo. *O grito de Eva*. Rio de Janeiro: Thomas Nelson Brasil, 2021.

[9] MCKNIGHT, Scot; BARRINGER, Laura. *Uma igreja chamada TOV*: a formação de uma cultura de bondade que resiste a abusos de poder e promove cura. São Paulo: Mundo Cristão, 2022.

da igreja. A palavra leigo, do grego *laikos*, significa "pertencente ao povo comum". Ela não é usada no Novo Testamento. Os pais da igreja[10] a usaram para designar os membros da comunidade que não exerciam ofício pastoral.

Outra palavra grega para "leigo" é *idiotés*, que é raiz do termo "idiota". Ela era usada para diferenciar o especialista do não especialista. No Novo Testamento, foi usada por Lucas para se referir à opinião que os membros do Sinédrio tinham em relação a Pedro e João: "Vendo a coragem de Pedro e de João e percebendo que eram homens iletrados e sem instrução, ficaram admirados e reconheceram que eles haviam estado com Jesus" (Atos 4:13). A palavra também foi usada por Paulo para se referir às pessoas de fora, não inteiradas das coisas que podem acontecer na reunião da igreja: "Assim, se toda a igreja se reunir e falar em línguas, e alguns não instruídos ou descrentes entrarem, não dirão que vocês estão loucos?" (1Coríntios 14:23). Ou seja, os autores bíblicos não se referem aos cristãos como "leigos".[11]

Já um clérigo, conforme os evangélicos entendem, é o único que pode ministrar a ceia, o batismo e, em alguns lugares, a Palavra. Ele é membro de uma ordem

---

[10] Os líderes do cristianismo que sucederam os apóstolos nos primeiros séculos.
[11] STEVENS, R. P. *Os outros seis dias*. Viçosa: Ultimato, 2005. p. 28-31.

A IGREJA NÃO *TEM* UM MINISTÉRIO; ELA *É* UM MINISTÉRIO, O MINISTÉRIO DE DEUS. ELA NÃO TEM UMA MISSÃO; ELA *É* UMA MISSÃO.

religiosa ou ocupa um cargo oficial na hierarquia da igreja. É alguém que foi ordenado e designado para a exercer a função de sacerdote. A palavra "clero" vem do grego *klêros*, que significa "indicados, dotados". Não é usada nas Escrituras para se referir aos líderes do povo, mas, acredite, para se referir a todo o povo (1Pedro 5:3). Na nova aliança, homens e mulheres são sacerdotes, dotados para ministrar a Palavra e as ordenanças. A igreja é um povo sem leigos e cheio de clérigos — dotado, comissionado e apontado por Deus para continuar o seu serviço e sua missão no mundo. A igreja não *tem* um ministério; ela *é* um ministério, o ministério de Deus. Ela não tem uma missão; ela *é* uma missão.[12]

Mas onde ficam os líderes?

Como já dissemos, todo aquele que confessa Cristo como Salvador é sacerdote de Deus. A igreja não é composta

[12] STEVENS, 2005, p. 32-3.

de duas classes de pessoas: homens/mulheres de Deus e, em separado, o povo. Segundo o Novo Testamento, ou você é um homem ou uma mulher de Deus, ou você não pertence ao povo de Deus.

Atualmente, a maioria dos evangélicos enxerga a igreja assim:[13]

Contudo, no Novo Testamento, a igreja é assim:

[13] Adaptado de STEVENS, 2005, p. 29.

Como reforçou o professor Paul Stevens: “Ao entrar no mundo do Novo Testamento, encontramos apenas um povo de Deus, com líderes entre o povo”.[14] Por mais que uma pessoa ocupe posição de liderança no meio do povo, ela não é mais especial, não é “a ungida”.[15] Em Cristo, todo o povo é ungido (1João 2:27; 2Coríntios 1:21) e capacitado para engrandecer o nome do Senhor. “Deus não está apenas salvando indivíduos e preparando-os para o céu; ele está formando um povo em meio ao qual possa viver e que, em sua vida comunitária, reproduza a vida e o caráter de Deus.”[16]

Voltando aos sacrifícios espirituais

É justamente no cotidiano que reproduzimos a vida e o caráter de Deus, que somos convidados a fazer/ser “sacrifícios espirituais aceitáveis a Deus” (1Pedro 2:5), isto é, “anunciar as grandezas daquele que os chamou das trevas para a sua maravilhosa luz” (v. 9). Como frisou a teóloga Karen Jobes, “essa proclamação não deve ser apenas por meio de expressões verbais, mas

[14] STEVENS, 2005, p. 30.

[15] Se você tem dúvida de como interpretar versículos que falam da autoridade pastoral, como Hebreus 13:17, confira o "O que é a cultura da honra? — BTPapo 051" no canal Bibotalk, no YouTube.

[16] FEE, Gordon D. *Paulo, o Espírito e o povo de Deus*. São Paulo: Vida Nova, 2015. p. 95.

também mediante o viver vidas decentes entre os pagãos (1Pedro 2:12)”.[17] Podemos ainda citar o texto de Paulo: “Portanto, irmãos, peço, pelas misericórdias de Deus, que ofereçam o corpo de vocês como sacrifício vivo, santo e agradável a Deus: este é o culto racional de vocês” (Romanos 12:1). Diferentemente da espiritualidade antiga, que precisava de rituais, animais e templo para oferecer sacrifícios, a nova espiritualidade se baseia no sacrifício perfeito de Cristo. Por isso, o sacrifício do novo adorador é a própria vida, oferecida no altar do cotidiano.

A NOVA ESPIRITUALIDADE SE BASEIA NO SACRIFÍCIO PERFEITO DE CRISTO. POR ISSO, O SACRIFÍCIO DO NOVO ADORADOR É A PRÓPRIA VIDA, OFERECIDA NO ALTAR DO COTIDIANO.

Se, no primeiro capítulo da carta aos romanos, Paulo fala dos corpos entregues ao pecado, no capítulo 12 ele fala do corpo entregue a Deus (“peço que ofereçam o seu corpo”, v. 1, NAA). Isso significa a pessoa

[17] JOBES, 2022, p. 162.

toda se entregando a Deus.[18] Como disse um comentarista bíblico: "Em Romanos 12:1, no entanto, o sacrifício que oferecemos não é uma forma específica de louvor ou serviço, mas nosso próprio 'corpo'. Não é somente o que podemos dar que Deus requer; ele requer aquele que dá".[19]

Paulo afirma que o sacrifício do corpo "é o culto racional de vocês". Há uma longa discussão sobre o sentido dessas palavras, visto que a expressão grega pode ser traduzida também por "culto espiritual". Creio que a Nova Tradução na Linguagem de Hoje (NTLH) traduziu muito bem essa frase: "Esta é a verdadeira adoração que vocês devem oferecer a Deus". Em um episódio do nosso podcast, Cacau Marques disse:

> *Portanto, o "culto racional" ou "espiritual" proposto por Paulo é uma adoração que integra plenamente a compreensão e a prática, em que cada aspecto da vida do crente se torna uma manifestação do seu compromisso com Deus. É uma adoração que, verdadeiramente, compreende*

[18] O corpo, na teologia paulina, geralmente é sinônimo do indivíduo inteiro, e não somente de sua parte física.

[19] MOO, D. J. *Romanos*: comentário exegético. São Paulo: Vida Nova, 2023. p. 921-2.

> *e responde à grandiosidade das misericórdias de Deus, desdobrando-se em uma prática de vida que é coerente com o evangelho proclamado.*[20]

O culto que Paulo propõe exige nada menos que uma transformação completa em nossa maneira de enxergar o mundo. Não devemos mais interpretar a vida segundo os padrões deste século, mas pela perspectiva do novo reino ao qual pertencemos — um reino governado pela justiça, pela vida e pelo Espírito. Embora estejamos no mundo, já não pertencemos a ele (João 17:15-16). Esse caminhar no Espírito (Gálatas 5:16) opera uma renovação diária em nosso coração e em nossa mente, "de forma que nossa obediência a Deus se torne algo natural e espontâneo (veja Romanos 7:6; 8:5-9; Jeremias 31:31-34; 2Coríntios 3:6-7; Efésios 4:22-24)".[21] Para aprofundar ainda mais o sentido de oferecer sacrifícios espirituais a Deus, cito Hebreus 13:15-16:

> *Por meio de Jesus, portanto, ofereçamos continuamente a Deus um sacrifício de louvor, que é fruto de lábios que*

[20] "O que é o culto racional? — BTPapo 029", no canal Bibotalk, no YouTube.
[21] CARSON, 2009, p. 1731.

> *confessam o seu nome. Não se esqueçam de fazer o bem e de compartilhar com os outros o que vocês têm, pois Deus se agrada de tais sacrifícios.*

Ou seja, demonstramos nosso amor sacrificial a Deus quando amamos o próximo. Esse amor de Deus, que nos alcança e salva, nos constrange a sermos servos uns dos outros (1João 3:16-17).

CAPÍTULO 3

QUEM É VOCÊ NA FILA DO PÃO?

"VOCÊ SABE com quem está falando?" Essa frase resume a essência da famosa "carteirada", que nada mais é do que uma tentativa de usar status, poder ou algum tipo de autoridade para receber um tratamento VIP ou para se safar de uma enrascada. Não pretendo discutir o mérito dessa atitude, que é claramente reprovável, mas quero chamar sua atenção para a convicção com que essas pessoas defendem sua identidade. Elas batem no peito, erguem a voz e defendem, com total firmeza, quem são e o que representam.

Essa convicção, embora mal direcionada, me leva a refletir sobre algo que julgo essencial para a vida cristã: uma compreensão verdadeira e firme de nossa identidade em Cristo. Se quem dá uma carteirada é capaz de afirmar com tanta confiança seu valor, nós, que fomos chamados e escolhidos por Deus, deveríamos ter plena convicção de quem somos por causa de Cristo. Não se trata de usar nossa posição para exigir benefícios, mas, sim, de entender quem somos e o propósito para o qual fomos chamados. É sobre banir a insegurança ou a falsa humildade de quem não se acha ninguém na fila do pão, subestimando seu valor e papel dentro do reino de Deus.

No capítulo anterior, falei um pouco sobre nossa identidade como sacerdotes de Deus. Quero continuar explorando os detalhes desse sacerdócio, com base em 1Pedro 2:9. Embora existam outros textos bíblicos que falam de nossa condição diante de Deus, escolhi esta passagem de Pedro pela sua maneira de integrar identidade e propósito:[1]

> *Vocês, porém, são geração eleita, reino de sacerdotes, nação santa, o povo que pertence a Deus, para anunciar as grandezas daquele que os chamou das trevas para a sua maravilhosa luz.*

GERAÇÃO ELEITA

O texto começa com a seguinte afirmação: "Vocês, porém, são geração eleita". Pedro está contrastando os que creem e os que não creem. No versículo 8, ele afirmou que os que não creem tropeçam por

[1] O apóstolo Paulo também faz isso em suas cartas. Veja, por exemplo, 2Coríntios 5:17-21.

causa da desobediência. No versículo 9, afirma que seus leitores — os que creem — são geração eleita. Provavelmente, ele se refere a Isaías 43:20-21. Por que ele usa esse texto como referência?

Antes de responder a essa pergunta, uma curiosidade bíblica. Se você não quiser saber, pode pular esse parágrafo. Eu disse que Pedro provavelmente tinha em mente essa passagem bíblica porque é muito comum que os autores do Novo Testamento façam citações livres de textos do Antigo Testamento. Isso acontece porque, na época, as pessoas não tinham uma cópia em casa dos pergaminhos das Escrituras, tampouco tinham várias versões deles em um *app* de celular. Por isso, os estudiosos atuais precisam deduzir, com base no texto e no contexto, a qual passagem o autor bíblico está se referindo. Isso ilustra as milhares de conexões que existem entre os diferentes textos bíblicos e mostra como o Espírito de Deus perpassa toda a Escritura.

No capítulo 43, Isaías está profetizando a libertação de Israel do cativeiro na Babilônia (v. 14). Essa profecia está baseada no que Deus havia feito no passado, a libertação do Egito (v. 16-17). Deus agiu dessa forma porque Israel era o seu povo escolhido (v. 20). Ao citar esse texto de passagem, Pedro lembra seus leitores de que, da mesma forma que Deus libertou e reuniu Israel diversas vezes porque era seu povo eleito, sua descendência e seus arautos entre as nações, assim são aqueles que estão em Cristo. Só que, agora, judeus e gregos, gentios e romanos, palmeirenses e corintianos, todos são geração eleita, povo de Deus, se estiverem em Cristo. Jesus quebra todas as barreiras étnicas, ideológicas e culturais, e une em si todos os que creem. Deus não tem um país especial para cumprir sua missão no mundo, tipo Israel, Estados Unidos, Brasil ou alguma tribo na Polinésia. Ele tem um povo espalhado pelo mundo. Meu ponto aqui é simples: para ser povo de Deus, você não precisa ter nascido em Israel; você precisa ter nascido em Cristo!

PARA SER POVO DE DEUS, VOCÊ NÃO PRECISA TER NASCIDO EM ISRAEL; VOCÊ PRECISA TER NASCIDO EM CRISTO!

SACERDÓCIO REAL

A segunda afirmação de Pedro diz que os destinatários de sua carta, cristãos espalhados pelo império romano,[2] são *sacerdócio real*. Quatro versículos antes, o apóstolo já

[2] Especificamente nas províncias de Ponto, Galácia, Capadócia, Ásia e Bitínia, que englobam as regiões norte e central da Ásia Menor (atual Turquia), conforme mencionado em 1Pedro 1:1.

tinha chamado seus leitores de "sacerdócio santo". Isso é muito significativo, pois esse ofício, que antes era exercido apenas por homens de uma tribo específica da nação de Israel, agora é realidade e missão de quem está em Cristo, seja homem, seja mulher; seja judeu, seja gentio.

Pedro está fazendo outra citação livre, agora de Êxodo 19:6: "Vocês serão para mim um reino de sacerdotes e uma nação santa". Essa passagem se trata da aliança de Deus com seu povo, Israel, já liberto e chamado para possuir a terra prometida. Esse livramento e essa promessa vêm acompanhados da missão de ser um povo sacerdotal. Isto é, ainda que, mais tarde, o ofício sacerdotal de Arão e seus filhos fosse estabelecido, toda a nação de Israel estava comissionada a ser mediadora entre Deus e os demais povos.

Cristo, em seu ministério, executou plenamente o que o povo da antiga aliança não havia sido capaz de realizar. Ao obedecer à lei e cumpri-la plenamente, Jesus inaugurou uma nova aliança que inclui todos os que creem nele. Ele os tornou herdeiros das promessas feitas a Abraão e a Israel (Romanos 4:1-6; Gálatas 3:6-18), além de enchê-los com seu Espírito. Desde os dias de Moisés, havia a expectativa de que todo o povo fosse cheio do Espírito Santo (Números 11:29), tornando-se parceiro de Deus na história da redenção. Essa expectativa foi validada com profecias em Joel 2 e concretizada no Pentecostes, relatado em Atos 2. Desde então, todos os que estão em Cristo são capacitados pelo Espírito como suas testemunhas.

NAÇÃO SANTA

Assim como muitas pessoas não entendem que são ministras do evangelho, outras também têm dificuldade em compreender que são santas. Isso revela uma compreensão limitada sobre o que significa estar em Cristo e caminhar nele. Comumente, associamos a santidade à perfeição, à ausência de defeitos ou pecado. No entanto, se ser santo significasse ser perfeito, Deus não teria uma *nação santa.*

Ser santo, em primeiro lugar, significa ser separado por Deus para uma missão. A Bíblia não exige perfeição dos santos, mas maturidade. Talvez você questione, citando versículos como o de Filipenses 3:15: "Todos, pois, que somos *perfeitos*, tenhamos este sentimento; e, se, porventura, pensais doutro modo, também isto Deus vos esclarecerá" (ARA). A palavra grega traduzida por "perfeito" é *teleios* e, segundo os comentaristas e gramáticos, seria mais adequadamente traduzida por "maduros" (como faz, por exemplo, a NVI). O próprio apóstolo admite, no versículo 13, que ainda não alcançou a perfeição.

Em segundo lugar, ser santo também está ligado a qualidades morais. Nesse sentido, além de ter sido separado por Deus e para Deus, santidade também significa agir como alguém que pertence a Cristo e obedece aos seus mandamentos (João 15:10). O fato de não alcançarmos a perfeição moral nesta vida não deve ser motivo de desânimo e devassidão, pois quem foi regenerado e santificado vive como tal. Como disse o teólogo William Hulme:

> *Em ambas as alianças, a antiga e a nova,*
> *Deus inicia a aliança, e o povo de Deus se*
> *compromete em lealdade para com ela.*
> *Tal compromisso influencia o comportamento.*
> *O relacionamento pactual implica obrigação.*
> *Aos "eleitos", tem sido dado tudo — e,*
> *portanto, espera-se deles que deem tudo.*[3]

Embora a Bíblia claramente afirme que a santificação é uma obra de Deus em nós, ela também está repleta de orientações que nos desafiam, de imperativos que demandam nossa ação. Portanto, desempenhamos papel ativo no processo de santificação. Na força do Espírito, somos chamados a mortificar as obras da carne (Romanos 8:13).

---

[3] HULME, William E. *Dinâmica da santificação*. 2. ed. São Leopoldo: Sinodal, 1981. p. 107.

Como fazemos isso? Não existem atalhos para uma vida santa; a fórmula bíblica para uma vida consagrada inclui a leitura e a meditação das Escrituras (Salmos 1:2; Mateus 4:4; Hebreus 5:11ss); a oração (Efésios 6:18); a adoração (Efésios 5:18-20); o testemunho (Mateus 28:19ss); a comunhão cristã (Hebreus 10:24-25) e o domínio próprio (Gálatas 5.23).

Ainda assim, é fundamental lembrar que a santificação resulta da ação de Deus em nós, e não do esforço daquele que está sendo santificado.[4] Santificação é a vida prática de quem já é salvo, e não uma prática para alcançar a salvação.

POVO EXCLUSIVO DE DEUS

A terceira afirmação de Pedro diz que somos o povo que pertence a Deus. Ele tem em mente textos como Êxodo 19:5 e Deuteronômio 7:6, que falam do povo como "minha propriedade particular" e "tesouro pessoal",[5] e Isaías 43:21, no qual lemos "povo que formei para mim mesmo". Que segurança maravilhosa temos nessa declaração! A palavra grega, aqui traduzida por "exclusivo", poderia ser traduzida também por

[4] HULME, 1981, p. 114.

[5] Recomendo que você leia a nota de rodapé da Bíblia de Estudos Thomas Nelson nessas passagens bíblicas.

"propriedade", comunicando tanto a ideia de preservação como a de aquisição.[6] Somos de Deus! Fomos comprados por alto preço (1Pedro 1:18-19) e nada pode nos separar desse amor (Romanos 8:38-39).

PREFIRO SER ESCRAVO DE DEUS, NUMA VIDA QUE CONDUZ À JUSTIÇA, A SER ESCRAVO DOS MEUS DESEJOS, QUE ME LEVAM À RUÍNA, AINDA QUE ESSES DESEJOS, EM UM PRIMEIRO MOMENTO, PAREÇAM BELOS E VERDADEIROS.

No livro *O Deus que destrói sonhos*, trabalhei a ideia de sermos escravos de Deus, e alguns leitores se surpreenderam com essa verdade bíblica. Esta, porém, é a realidade a nosso respeito: somos propriedade de Deus. Isso fere alguns espíritos mais livres que não querem prestar contas a ninguém, mas essa opção não existe. A verdadeira liberdade só existe em Cristo; o resto é escravidão no pecado. Prefiro ser escravo de Deus, numa vida que conduz à justiça, a ser escravo dos

[6] HOLMER, Uwe. In: GRÜNZWEIG, Fritz; HOLMER, U; BOOR, Werner. *Cartas de Tiago, Pedro, João e Judas*. Comentário Esperança. Curitiba: Esperança, 2008. p. 180.

meus desejos, que me levam à ruína, ainda que esses desejos, em um primeiro momento, pareçam belos e verdadeiros.

O PROPÓSITO DA NOSSA IDENTIDADE

Quem é você na fila do pão? Você e eu somos geração eleita, sacerdócio real, nação santa, propriedade exclusiva de Deus para um propósito muito claro: "anunciar as grandezas daquele que nos chamou das trevas para a sua maravilhosa luz".

> *Anunciar as excelências de Deus é falar de tudo o que ele é e tem feito. A palavra que Pedro emprega e é traduzida por "anunciar" não é usada em nenhuma outra parte no Novo Testamento, mas surge várias vezes em Salmos para designar o ato de louvar a Deus (Salmos 9:14; 71:15; 73:28; 79:13; 107:22: 119:13,26).*[7]

Deus é louvado quando vivemos como mensageiros de um novo mundo que já chegou em Cristo. Vou falar sobre isso logo mais, mas, por ora, precisamos

[7] GRUDEM, W. *1Pedro*: introdução e comentário. São Paulo: Vida Nova, 2017. p. 113.

entender o que significa louvar a Deus. Adoração é muito mais que cantar e erguer as mãos no culto público: é um estilo de vida, e um estilo de vida que enxerga o outro. A vida com Deus é prática e se manifesta em atos de serviço. Nossa identidade em Cristo vem carregada de missão e propósito. Deus não tem filhos à toa! Ele está contando e encenando uma história no palco do mundo e nos atribuiu um papel importante na trama. Ele nos deu um roteiro, sua Palavra; nos deu inspiração, seu Espírito; nos deu uma família, sua igreja; e nos deu uma promessa, sua presença!

NOSSA IDENTIDADE EM CRISTO VEM CARREGADA DE MISSÃO E PROPÓSITO. DEUS NÃO TEM FILHOS À TOA!

Por isso é necessário entender que você é sacerdote de Deus. Quero explorar mais esse assunto com a ajuda de um dos grandes reformadores da igreja, Martinho Lutero. Vamos dar uma espiada?

O SACERDÓCIO REAL DE TODOS OS CRENTES

Lutero viveu no século 16, uma época em que a igreja estava rigidamente dividida em duas classes: a sacerdotal (composta pelos clérigos) e o povo (os leigos, aqueles que não recebiam instrução formal da igreja e não ocupavam cargos eclesiásticos). Nessa configuração, o povo era totalmente dependente do clero no que diz respeito à prática da fé e ao próprio acesso ao texto bíblico, o que inevitavelmente resultava em abuso espiritual. Afinal, a liderança da igreja exercia um tipo de autoridade suprema, que não podia ser questionada, além de monopolizar a fé. Lutero, um instruído monge alemão, passou a confrontar diversos ensinamentos da igreja depois de efetivamente conhecer o evangelho da graça enquanto lia a Carta aos Romanos. Ele abalou a teologia da época, pois centralizou a Bíblia como norma das práticas da igreja, e não a tradição,[8] como acontecia até aquele momento.[9]

Uma vez que a Bíblia afirma que todo crente em Jesus é sacerdote, a reforma iniciada por Lutero resgatou a essência bíblica do sacerdócio real de todos os crentes. Em um tempo em que o papa era *pop*, Lutero disse: "Todos somos, pois, igualmente sacerdotes espirituais diante de Deus [...]. Por isso, todos os homens cristãos são sacerdotes e todas as mulheres cristãs são

---

[8] Para saber mais sobre o que é tradição, leia meu livro *Teologia esfria o crente?* (Thomas Nelson Brasil, 2023).

[9] Você pode se aprofundar no tema da Reforma com a seguinte leitura: GEORGE, Timothy. *Teologia dos reformadores*. São Paulo: Vida Nova, 1993.

sacerdotisas, sejam jovens ou velhos, senhor ou servo, senhora ou serva, douto ou leigo".[10]

Propagando ensinamentos dessa natureza, o reformador alemão descentralizou do clero o serviço a Deus, afirmando que todo cristão, munido de uma correta interpretação da Bíblia, deve zelar pela doutrina e pela vida do povo de Deus. Além disso, Lutero enumerou alguns direitos que pertencem a todo cristão: pregar a Palavra, batizar, celebrar a Ceia do Senhor, orar pelos outros e julgar a doutrina. Ou seja, todo cristão é responsável pela igreja. Lutero disse mais:

> *O sacerdócio de todos os crentes é tanto uma responsabilidade quanto privilégio, um serviço tanto quanto uma posição. [...] Nossa unidade e igualdade em Cristo são demonstradas por nosso amor mútuo e nosso cuidado uns pelos outros. O fato de que somos todos sacerdotes e reis significa que cada um de nós, cristãos, pode ir perante Deus e interceder pelo outro. Se eu notar que você não tem fé ou tem uma fé fraca, posso pedir a Deus que lhe dê uma fé sólida.*[11]

---

[10] LUTERO *apud* BÍBLIA DE ESTUDO DA REFORMA. São Paulo: SBB, 2017. p. 2140.
[11] GEORGE, 1993, p. 117.

Em uma comunidade de pessoas nascidas de novo e batizadas, Cristo age por meio da comunhão. Nessa comunidade de regenerados, uns oram pelos outros, intercedem junto ao Pai, proclamam a Palavra e sacrificam-se pelo próximo (1João 3:16). "Uma comunidade de intercessores, um sacerdócio de amigos que se ajudam, uma família em que as cargas são compartilhadas e suportadas mutuamente, essa é a comunhão dos santos."[12]

Essa teologia de Lutero é o puro ensino bíblico do sacerdócio real de todos os crentes. É também um duro golpe no individualismo. Em tempos nos quais as pessoas vão à igreja para cultuar sozinhas (como se isso fosse possível), precisamos resgatar a doutrina da comunhão dos santos, daqueles que foram unidos pela cruz (Efésios 2:14-21). Precisamos recuperar a verdade de que, na igreja, todos são responsáveis uns pelos outros, todos carregam as cargas uns dos outros (Gálatas 6:2).

E onde entram os pastores nessa história? Se todos na comunidade são encarregados de proclamar as boas-novas e cuidar do irmão, como Lutero relacionava o sacerdócio de todos os cristãos ao ofício pastoral? Simples: dentro dessa comunidade, alguns são

[12] GEORGE, 1993, p. 117-8.

chamados para exercer o ministério específico da liderança. O chamado é feito pela própria congregação, e o ministro presta contas a ela. Comentando o pensamento de Lutero, o teólogo Timothy George afirma: "O rito da ordenação não confere nenhum caráter indelével à pessoa ordenada. É meramente a forma pública pela qual alguém é comissionado mediante a oração, as Escrituras e a imposição de mãos, a fim de servir à congregação".[13]

UMA IGREJA PASTORAL E COM PASTORES

No livro *Igreja centrada*, o pastor Tim Keller explorou o que a Bíblia diz sobre nossa identidade como sacerdotes uns dos outros e o serviço do pastor. Apresento a seguir, de forma resumida, seus ensinamentos.

> Por meio do Espírito Santo, cada cristão também deve ministrar aos outros em uma das três maneiras seguintes.
>
> 1. **A Bíblia chama todo cristão de *profeta*.** Em Números 11:29, esse é o desejo de Moisés [...], e, em Joel 2:28-29, essa bênção é prevista para o povo messiânico. Em Atos 2:16-21, Pedro afirma que essa

[13] GEORGE, 1993, p. 118.

profecia foi cumprida na igreja. Ser profeta é ser capaz de discernir a vontade de Deus e proclamá-la aos demais. Cada cristão é levado pelo Espírito Santo a discernir a verdade (1João 2:20,27). Cada cristão é orientado a admoestar com a palavra de Cristo (Colossenses 3:16) e também a instruir (Romanos 15:14). [...] Em 1Tessalonicenses 1:8, Paulo afirma que "propagou-se a mensagem do Senhor" da boca dos novos convertidos em toda a Macedônia e Acaia. [...]

2. **A Bíblia chama todo cristão de *sacerdote*.** [...] Como profetas, os cristãos chamam o próximo ao arrependimento, mas, como sacerdotes, fazem isso com compaixão e amor para tratar de suas necessidades. [...]

3. **A Bíblia chama todo cristão de *rei*.** Todos os cristãos governam e reinam com Cristo (Efésios 2:6) como reis e sacerdotes (Apocalipse 1:5,6). [...] A função geral do rei foi uma das causas para muitas denominações terem historicamente dado à igreja local o direito de escolher seus dirigentes e oficiais, com a aprovação dos líderes existentes (Atos 6:1-6). Em outras palavras, o povo tem o direito de governar a igreja. [...]

O Espírito capacita cada cristão a ser um profeta que anuncie a verdade, um sacerdote que sirva com compaixão e um rei que chame os outros à prestação de contas em amor — mesmo que não tenha os dons especiais para o ofício ou o ministério de tempo integral.[14]

Esses três pontos apresentados são chamados *ofícios gerais* e impedem que a igreja tenha donos. Eles dinamizam a igreja, capacitando-a a cumprir sua responsabilidade de ser representante do reino de Deus na terra.

Entendido isso, podemos falar de *ofício específico*. Dentro da comunidade guiada pela Palavra, cuidada por todo o povo e cheia de dons espirituais, Jesus "designou alguns para apóstolos; outros, para profetas; outros, para evangelistas; outros, para pastores e mestres" (Efésios 4:11). Assim, entendemos que Deus separa entre os membros regenerados da igreja alguns para estarem à frente do ministério, a fim de manter o bom andamento do trabalho (confira Romanos 12:8). Citando Keller mais uma vez:

> *Todos os cristãos devem cuidar uns dos outros e exortar uns aos outros (Gálatas 6:1,2; Hebreus 3.13), mas cada igreja tem de*

[14] KELLER, Timothy. *Igreja centrada*. São Paulo: Vida Nova, 2014. p. 407-8.

> *ter "presbíteros" (Atos 14:23, Tito 1:5) que cuidarão das pessoas como pastores cuidam de suas ovelhas (Atos 20:28-31; 1Pedro 5:1-4). Os cristãos devem submeter-se à autoridade de seus líderes (1Tessalonicenses 5:12; Hebreus 13:7,17). Quando esses líderes exercem seus dons, também estão exercendo o ministério de Cristo.*[15]

Desse modo, tanto o ofício geral como o específico são concedidos pelo Espírito Santo, não sendo frutos de desempenho pessoal. Não existe hierarquia entre aqueles que estão debaixo da cruz e dos cuidados do Supremo Pastor. O que existe é função diferente, além de diferentes pesos de responsabilidade.

Precisamos estar mais conscientes de nossa identidade ministerial a cada dia. Nosso sacerdócio é real porque serve a um reino. Nesse reino, até o rei se curva para lavar os pés de seus servos! Nele, todos servem, todos são ministros e são ordenados pelo próprio Espírito para o trabalho sacerdotal.

Nós, evangélicos, ainda precisamos entender que quem estudou em um seminário bíblico e foi ordenado por uma instituição religiosa a um cargo pastoral não é

[15] KELLER, 2014, p. 408.

um membro superior do povo de Deus. Esse pensamento é uma herança da teologia medieval que sobreviveu até mesmo à Reforma e tem causado separação entre pastores e membros de igreja. Essa divisão, inclusive, gera a terceirização do chamado. Visto que o pastor é quem precisa se preparar para pregar, que o missionário é quem precisa evangelizar, a pessoa que é "apenas" um membro pensa que basta ofertar, frequentar as reuniões da igreja e ajudar no que pode. NÃO! Essa não é a vontade de Deus para seu povo. Todos são chamados e têm responsabilidades nessa missão.

CAPÍTULO 4

COMO DESCOBRIR QUAL É MEU CHAMADO?

MUITOS PENSAM que, por eu ter chamado meu filho de Kalel, sou um grande fã do Superman, mas não sou. Na DC, prefiro o Batman, embora eu jamais daria o nome de Bruce Wayne de Aquino ao meu filho — haha. Além disso, se o Batman quisesse realmente combater o crime, ele poderia investir em saúde, educação e mercado de trabalho, em vez de sair por aí batendo nas pessoas. Aí você pergunta: "Ué, por que você gosta mais dele então?". A culpa é do Tim Burton, que fez dois filmes que marcaram minha infância. Mas deixa isso pra lá, vamos voltar ao nome do meu filho.

Quando Xanda estava grávida do nosso segundo filho, tínhamos Derek em mente. Mas, por motivos de força maior (expressão que usamos quando não queremos entrar em detalhes), desistimos e ficamos sem opção. Até que, um dia, entrou no catálogo da Netflix o filme *Homem de Aço* (Zack Snyder, 2013), que explora a origem e a chegada do Superman à Terra. Esse filme não usa o nome Superman, apenas Clark Kent e Kal-El, o nome kryptoniano dele. Naquela semana, assistimos ao filme umas três vezes, e, de tanto ouvir o nome Kal-El, começamos a cogitar a possibilidade. Gostamos do som e do possível significado de "voz de Deus" ou "chamado por Deus". E assim o Kalel ganhou o nome dele.

Uma coisa muito legal nesse filme *Homem de Aço* é que o Clark Kent descobre seu chamado em uma conversa com o pai. Ele entende seu papel na Terra e assume sua identidade. Com a gente não é diferente, visto que é na Palavra do Pai que encontramos propósito para a caminhada. No meu livro anterior, falei sobre como descobrir a vontade de Deus, concluindo que, na verdade, não há nada para ser descoberto, e sim lido, entendido e aplicado. A vontade de Deus já está revelada na Escritura. Agora, vamos ver se existe algum chamado para ser descoberto.

DUAS COISAS IMPORTANTES ANTES DE SEGUIRMOS

A Bíblia fala de chamado, mas, para entender o que ela realmente diz, precisamos abandonar algumas ideias, como, por exemplo, essa de pensar em um chamado individual, focado no que Deus tem só para mim. A gente lê as histórias de chamado na Bíblia e já quer fazer aplicações personalizadas, em uma busca incessante por se sentir especial e único. Nosso individualismo acaba nos cegando para a verdade sobre o chamado na Escritura.

Dito isso, aponto duas coisas que você deve ter em mente. Primeiro, você não é especial. Deus não tem um chamado exclusivo só pra você. "Ah, mas eu ouvi a história de alguém que sentiu o chamado de Deus pra isso ou aquilo." Beleza, não vou discutir essa experiência pessoal, e fico feliz pela pessoa, mas a vivência dela não é a base doutrinária que deve mover a igreja, e sim o que a Bíblia ensina.

A segunda coisa que quero pontuar é que esse lance de "chamado específico" não tem amparo no Novo Testamento como aplicação para nós nos dias de hoje. Além disso, na minha opinião, só traz neura para a cabeça dos crentes, que gastam energia mental e espiritual para descobrir qual é o chamado específico que Deus tem para eles. Recentemente, ouvi de um amigo: "Cara, passei a minha juventude nessa crise. Queria agradar a Deus e fazer o que ele tinha escolhido para mim, mas nunca tive certeza. Era sempre o conflito: será que essa é a vontade de Deus para mim?". Histórias como a dele são comuns, infelizmente, e é por isso que insisto nesse ponto.

O CHAMADO NA BÍBLIA

Na Bíblia, o chamado de um indivíduo quase sempre está inserido em um contexto maior, conectado ao plano de Deus para seu povo. Quando Deus chamou

Abrão, por exemplo, não foi para abençoá-lo pessoalmente, mas para, por meio dele, preparar um povo que carregasse seu nome entre os demais povos. O chamado de Moisés segue o mesmo padrão: não se trata de criar um grande personagem histórico, mas de formar uma nação para Deus. Poderíamos listar outros personagens bíblicos, mas a essência é a mesma: todos os chamados convergem para o propósito divino de edificar seu povo por meio de suas alianças. Aliás, "a linguagem de 'chamado' no Antigo Testamento é usada principalmente para o povo de Deus convocado a participar do grande propósito divino para o mundo. É um chamado à salvação, à santidade e ao serviço".[1]

Os discípulos foram escolhidos a dedo por Jesus. Paulo, então, teve um chamado dramático e sobrenatural no caminho para Damasco, sendo designado como apóstolo aos gentios. Eles tiveram um papel essencial no início da igreja, mas isso não significa que qualquer pessoa chamada ao ministério hoje precise ter a mesma experiência sobrenatural. O chamado deles foi específico para aquilo que Deus realizava naquela fase da história.

Portanto, nenhum chamado individual relatado nas Escrituras deve ser entendido como modelo universal

[1] STEVENS, 2005, p. 76.

e direto para todos nós. O que lemos na Bíblia está inserido em um contexto particular e tem um propósito singular dentro de uma narrativa maior. Por isso, precisamos ter discernimento ao aplicar esses textos à nossa realidade. Inclusive a própria Bíblia aponta o chamado para o ministério pastoral como algo que pode ser almejado pelo indivíduo (1Timóteo 3:1). Ou seja, não se trata mais de um chamado sobrenatural como o de Paulo, mas de um processo natural que se desenvolve em meio à igreja e surge do desejo sincero de servir.

A maioria dos crentes associa "chamado" a ter um cargo na igreja, especialmente ser pastor. Contudo, o principal chamado na Bíblia é para seguir Jesus, e não para ocupar um cargo. Esse chamado não precisa ser descoberto, mas vivido. Como disse o pastor Russel Shedd, um dos maiores teólogos que o Brasil já teve: "Todos os casos em que Paulo emprega o vocábulo 'chamado' (*klesis*), ele se refere ao convite soberano de

O PRINCIPAL CHAMADO NA BÍBLIA É PARA SEGUIR JESUS, E NÃO PARA OCUPAR UM CARGO. ESSE CHAMADO NÃO PRECISA SER DESCOBERTO, MAS VIVIDO.

Deus para a pessoa se tornar participante da salvação. Em momento algum vemos uma ordem para aceitar uma responsabilidade ou um cargo".[2]

CHAMADO E VOCAÇÃO

Vários textos bíblicos mostram esse chamado de Deus. Cito alguns deles:

> *Fiel é Deus, que os chamou à comunhão com o seu Filho Jesus Cristo, o nosso Senhor. (1Coríntios 1:9)*

> *Como prisioneiro no Senhor, peço a vocês que vivam de maneira digna do chamado que receberam. (Efésios 4:1)*

> *Portanto, santos irmãos, participantes do chamado celestial, fixem os seus pensamentos em Jesus, o apóstolo e sumo sacerdote que confessamos. (Hebreus 3:1)*

> *Portanto, irmãos, empenhem-se ainda mais para consolidar o chamado e a eleição de*

[2] SHEDD, Russel P. *Chamado e os dons do Espírito Santo*. São Paulo: Shedd, 2018. p. 15.

vocês, pois, se agirem dessa forma, jamais tropeçarão. (2Pedro 1:10)

Judas, servo de Jesus Cristo e irmão de Tiago, aos que foram chamados, amados por Deus Pai e guardados por Jesus Cristo. (Judas 1:1)

Guerrearão contra o Cordeiro, mas o Cordeiro os vencerá, pois é o Senhor dos senhores e o Rei dos reis; e com ele vencerão os seus chamados, escolhidos e fiéis. (Apocalipse 17:14)

Nessa pequena amostragem de diferentes autores bíblicos, podemos ver o significado principal de *chamado* em todo o Novo Testamento:[3] um convite para viver em comunhão com Jesus, como povo santo de Deus. Inclusive, lendo o Novo Testamento, podemos identificar três aspectos coletivos do chamado de Deus:

---

[3] A ênfase que tenho dado ao Novo Testamento não é acidental: não somos judeus, nem seguimos o judaísmo; somos cristãos e seguimos Cristo. Por isso, a igreja elabora as doutrinas tendo como base principal o Novo Testamento. Quando o Antigo Testamento é utilizado (e ele não é chamado de "antigo" à toa!), isso é feito sempre através das lentes dos ensinamentos do Novo Testamento.

1. O chamado para pertencer à família de Deus. Esse é o convite da salvação, do discipulado (Lucas 9:23; Efésios 2:19; 1Pedro 2:10; 1João 3:1-12);
2. O chamado para ser povo de Deus e manifestar sua glória e santidade, tanto na igreja como no mundo. Esse é o convite da santificação (Mateus 5:16; Romanos 1:7; 1Coríntios 1:2; 1Tessalonicenses 4:3-7; 1Pedro 1.15-16);
3. O chamado para fazer a obra de Deus. Esse é o convite do serviço e envolve dons, talentos, ministérios, ocupações, trabalho e missão (Mateus 25:14-30; Romanos 12:4-8; Efésios 2:10; 1Pedro 4:10-11).[4]

Perceba: chamado é menos sobre encontrar um papel específico e mais sobre ser transformado à imagem de Cristo e servir onde ele o colocou. Temos um mundo para cultivar e guardar, uma família à qual pertencer e uma salvação para anunciar.

EXPLORANDO OS TRÊS ASPECTOS DO CHAMADO

Como vimos, o primeiro aspecto que salta aos olhos quando pensamos em chamado na Bíblia é o pertencer ao povo de Deus ou, mais propriamente, à família

[4] STEVENS, 2005, p. 79.

de Deus. Antes de qualquer ministério ou serviço, somos chamados à salvação e à adoção. Este é o chamado primordial de todo cristão: "Portanto, vocês já não são estrangeiros nem forasteiros, mas concidadãos dos santos e membros da família de Deus" (Efésios 2:19). Como diz o ditado: "Quem chama Deus de Pai não escolhe irmão".

PERCEBA: CHAMADO É MENOS SOBRE ENCONTRAR UM PAPEL ESPECÍFICO E MAIS SOBRE SER TRANSFORMADO À IMAGEM DE CRISTO E SERVIR ONDE ELE O COLOCOU. TEMOS UM MUNDO PARA CULTIVAR E GUARDAR, UMA FAMÍLIA À QUAL PERTENCER E UMA SALVAÇÃO PARA ANUNCIAR.

Ser membro da família de Deus requer dedicação: "Eles se dedicavam ao ensino dos apóstolos e à comunhão, ao partir do pão e às orações" (Atos 2:42). Os primeiros cristãos se dedicavam à comunhão. Comunhão (*koinonia*, no grego) significa:

> *Partilhar uma vida comum com outros crentes — uma vida que, como diz João (o apóstolo), partilhamos com*

> *Deus Pai e Deus Filho. Trata-se de um relacionamento, não de uma atividade. Esse relacionamento espiritualmente orgânico é que forma a base da verdadeira comunidade cristã. Não é o fato de estarmos unidos por objetivos ou propósitos comuns que faz de nós uma comunidade. Em vez disso, é por partilharmos uma vida comum em Cristo.*[5]

Com isso em mente, fica claro que não somos chamados para ser independentes, nem para ser protagonistas de uma história pessoal, mas para fazer parte de uma nova comunidade que proclama aquele que nos tirou das trevas para a sua maravilhosa luz. A partir desse pertencimento, descobrimos nossa verdadeira identidade e nosso propósito.

Posso dar testemunho disso de perto. Na igreja, ouvi e vivi coisas que mudaram minha vida e transformaram meu caráter. Em uma conversa muito franca com um pregador, fiquei sabendo que Deus não precisava de mim para a sua obra, ainda que contasse com meu testemunho. Eu não precisava ser obreiro na igreja

[5] BRIDGES, J. *Comunidade verdadeira*: a prática bíblica da *koinonia*. São Paulo: Vida Nova, 2019. p. 10.

para ser obreiro de Deus, ainda que fosse muito bom poder servir na igreja. Na igreja, aprendi a ser cristão e a ouvir Deus.

NÃO SOMOS CHAMADOS PARA SER INDEPENDENTES, NEM PARA SER PROTAGONISTAS DE UMA HISTÓRIA PESSOAL, MAS PARA FAZER PARTE DE UMA NOVA COMUNIDADE QUE PROCLAMA AQUELE QUE NOS TIROU DAS TREVAS PARA A SUA MARAVILHOSA LUZ.

A vida como família de Deus é um privilégio. Em muitos casos, a igreja é a única família que uma pessoa possui. Por isso, como membros de uma comunidade local, precisamos nos esforçar para congregar e agregar. Afinal, enfrentamos uma epidemia de solidão que afeta milhões de pessoas no mundo.[6] Também sabemos que não é bom que o ser humano fique só. Como bem frisou meu amigo Cacau Marques, "a resposta bíblica à solidão

[6] WAJNGARTEN, Maurício. Pesquisa abrangente revela dados sobre a "epidemia da solidão" no Brasil e no mundo. *Medscape*. [s.l.], 23 abr. 2024. Disponível em: https://portugues.medscape.com/verartigo/651cita0989?form=fpf. Acesso em: 08 out. 2024.

não é a mera companhia, mas a comunhão".[7] A igreja pode ser o antídoto para a solidão, um lar para quem não tem casa.

Sei que a igreja pode ser um lugar difícil e até mesmo perturbador para algumas pessoas. Infelizmente, os inúmeros casos de diferentes tipos de abuso que vieram à tona nos últimos anos evidenciam os danos causados por uma instituição que deveria ser uma família acolhedora, protetora e amorosa. De fato, a igreja não é a comunhão dos perfeitos — ela tem problemas —, mas isso não justifica crimes, abusos nem estelionatos. Por essa razão, é fundamental que todos os cristãos se envolvam de forma saudável na comunidade local, para que ela se torne um ambiente seguro e acolhedor, e não um lugar de traumas. Antes de prosseguirmos, fica aqui uma recomendação: *Uma igreja chamada TOV*.[8] Esse é um livro essencial para quem se dedica à vida comunitária na igreja.

O segundo aspecto é o chamado à santidade. Como exploramos no capítulo anterior, a santidade não é um estado de perfeição inatingível, mas uma vida em busca

---

[7] MARQUES, Cacau. In: BIBO, Rodrigo (org.) *Doutrina e devoção*: o caminho da verdade na vida em comunidade. Rio de Janeiro: Thomas Nelson Brasil, 2022. p. 57.

[8] MCKNIGHT, Scot; BARRINGER, Laura. *Uma igreja chamada TOV*: a formação de uma cultura de bondade que resiste a abusos de poder e promove cura. São Paulo: Mundo Cristão, 2022.

de maturidade diante de Deus e do mundo. O chamado à santidade é o convite a viver de maneira diferente, como disse o apóstolo Pedro: "Procurem viver de maneira exemplar entre os que não creem. Assim, mesmo que eles os acusem de praticar o mal, verão seu comportamento correto e darão glória a Deus quando ele julgar o mundo" (1Pedro 2:12, NVT).

O caminho para uma vida madura passa pela dedicação ao estudo da Palavra de Deus. Tanto Paulo como o autor de Hebreus associam a imaturidade e a carnalidade de seus leitores ao fato de que negligenciavam o "alimento sólido", isto é, o conhecimento mais aprofundado das Escrituras (1Coríntios 3:2; Hebreus 5:12-14). Não dá para ter uma vida de santidade e maturidade sem compromisso com a Bíblia.

O terceiro e último aspecto do chamado é o serviço. Somos chamados para fazer a obra de Deus usando os dons e as habilidades que ele nos concedeu. Pedro afirmou: "Cada um exerça o dom que recebeu para servir aos outros, administrando fielmente a graça de Deus nas suas múltiplas formas" (1Pedro 4:10). Isso significa que todo cristão tem a capacidade dada por Deus para edificar a igreja e alcançar o mundo. Sabe onde você descobre seus dons e talentos? Na vida em comunidade.

É nesse ponto que algumas pessoas se confundem, achando que chamado é apenas o que fazemos na igreja, como pastorear, pregar, ensinar ou liderar. Mas, como vimos, o serviço começa na disposição de ser útil em qualquer área, seja no ministério, seja fora dele. Todo trabalho honesto, toda ação de cuidado com o próximo e todo gesto de generosidade são expressões de nosso chamado para o serviço.

Quer no ambiente de trabalho, na escola, na faculdade ou na família, quer na comunidade local, Deus nos capacita para servir de maneira que o corpo de Cristo seja edificado, e o evangelho, proclamado. Isso envolve tanto dons espirituais como habilidades práticas. Não existe hierarquia; o que importa é ser fiel onde Deus o colocou e com os recursos que ele lhe deu.

QUER NO AMBIENTE DE TRABALHO, NA ESCOLA, NA FACULDADE OU NA FAMÍLIA, QUER NA COMUNIDADE LOCAL, DEUS NOS CAPACITA PARA SERVIR DE MANEIRA QUE O CORPO DE CRISTO SEJA EDIFICADO, E O EVANGELHO, PROCLAMADO.

Quando esses três aspectos se entrelaçam — pertencer à família de Deus, viver como povo santo e servir com nossos talentos —, temos a visão mais ampla do chamado bíblico. O foco se desloca de buscar um ministério específico para simplesmente viver como Cristo nos chamou a viver, amando a Deus e ao próximo e cooperando com o que ele está fazendo no mundo.

Por isso, a grande pergunta não é "Qual é o meu chamado?", mas "Como posso ser testemunha fiel e frutífera onde Deus me colocou?". Quando entendemos isso, descobrimos que cada etapa de nossa jornada faz parte de uma única vocação: sermos transformados até nos parecermos mais com Cristo e manifestarmos sua glória no mundo.

CHAMADO PARA A FIDELIDADE

Comecei este capítulo falando do *Homem de Aço*, que também tem uma mensagem legal sobre propósito e chamado. Assim como o Clark é chamado a entender primeiro quem ele é (filho de Krypton e da Terra), nós, cristãos, somos chamados a entender nossa identidade como filhos de Deus antes de qualquer coisa. Nossa identidade primária não é a de pastor, líder ou profissional, mas de membro da família de Deus.

Em *Homem de Aço*, Clark não sabia quem realmente era, mas, antes de descobrir seus poderes, ele aprendeu, com os pais adotivos, valores que moldariam toda a sua vida: proteger os mais fracos, ser honesto e agir com justiça. Não importava que ele ainda não tivesse um *chamado* claro; ele já estava vivendo de acordo com sua identidade. Do mesmo modo, nosso chamado começa pela correta compreensão de quem somos em Cristo. Somos filhos de Deus, e nesse pertencimento começa nossa jornada.

Existe outra história na cultura *pop*, inclusive escrita por um cristão, que considero mais impactante: a história de Samwise Gamgee, o fiel jardineiro de Frodo Bolseiro em *O Senhor dos Anéis*. Ao longo da trilogia de filmes (desculpe, não li os livros, parei no *Tom Bombadil*), Sam não tem uma missão grandiosa nem um destino heroico. Na verdade, ele nem mesmo esperava sair do Condado! Mas Sam representa perfeitamente o que significa viver o chamado de Deus: ele simplesmente decidiu ser fiel onde estava, servindo e protegendo Frodo em cada passo da jornada, mesmo quando não entendia o plano maior.

Em muitos momentos, parecia que Frodo era o protagonista da história, com a missão de destruir o Um Anel. Sam, por outro lado, parecia estar apenas "ajudando". Mas, no fim das contas, quem realmente impediu Frodo de cair em tentação e carregou o fardo nos momentos mais críticos? Foi Sam. Aliás, existe uma cena em *O Retorno do Rei*, o terceiro filme da trilogia, que é de arrepiar. A dupla de amigos está aos pés da Montanha da Perdição, e Frodo está exausto e caído. Sam se aproxima, coloca-o no colo e traz à memória de Frodo as coisas lindas do Condado, na tentativa de despertar esperança. Contudo, o portador do Um Anel está completamente exaurido e responde: "Não consigo me lembrar do gosto da comida, nem do som da água, nem da sensação de tocar a grama. Estou despido nas trevas". Frodo se desespera, sentindo a presença do inimigo, mas Sam o segura com força e diz: "Então, vamos nos livrar dele [referindo-se ao Um Anel] de uma vez por todas. Vamos, Sr. Frodo. Não posso carregá-lo pelo senhor, mas posso carregar o senhor". Ele se levanta com Frodo nas costas e começa a subir. MELDELSSS! Isso é lindo demais! Mas vamos voltar ao tema para concluir este capítulo.

Veja, Sam não tinha um chamado específico ou uma revelação divina sobre o papel que desempenharia. Ele apenas se manteve fiel e presente, cuidando de Frodo quando o amigo não conseguia mais prosseguir sozinho. Da mesma forma, nosso chamado nem sempre será como o de um grande herói. Talvez nunca recebamos uma missão que transforme o mundo. No entanto, assim como Sam, somos chamados a ser fiéis e servir onde Deus nos colocou, sabendo que, em sua sabedoria, até mesmo os atos mais simples de fidelidade fazem parte de um propósito muito maior.

Então, quando você pensar sobre chamado, pare de buscar uma "missão heroica" e cultive um espírito de fidelidade e serviço no cotidiano. Pode ser que você não veja o quadro completo, assim como Sam não sabia o que o aguardava quando partiu em sua jornada com Frodo, mas Deus conhece o final da história e até compartilha com a gente algumas coisas.

Mesmo que, hoje, sua tarefa pareça pequena ou irrelevante, tipo cuidar de alguém próximo de você, ajudar na igreja ou ser um exemplo de Cristo na escola, na faculdade e no trabalho, lembre-se de que a verdadeira grandeza do chamado está em ser fiel onde Deus colocou você. No fim, o que importa não é o tamanho da missão, mas a disposição de servir, com todo o coração, àquele que o chamou.

CAPÍTULO 5

ENVIADOS PARA A VIDA COMUM

QUANDO CHEGUEI à fé, em 1999, minha vida mudou radicalmente. Eu era um jovem típico de 17 anos e tinha as mesmas preocupações e comportamentos que qualquer outro adolescente não cristão. Ao ser aceito como membro de uma comunidade de fé, abracei a vida religiosa com todas as minhas forças. Muito cedo, entendi que minha vida precisava testemunhar sobre Jesus.

No início, fui um pouco radical, o que chocou meus amigos e até meus professores. Um cara que era totalmente da zoeira e curtição começou a falar que Jesus salva e que o inferno é real. Você pode estar se perguntando: "Ué, o que tem de radical nisso?". De fato, nada demais, mas a forma como eu dizia essas coisas não era nada sutil. Um dia, um colega meu, tão acostumado a me ver aloprando nas festas, me convidou para uma. Eu, secamente, respondi: "Mano, eu não frequento mais essas coisas que levam para o inferno". Comecei até a censurar quem usava bermuda, pois, na minha denominação, isso não era permitido.

Peguei minhas camisetas brancas da escola e escrevi várias frases com tinta para tecido: "Jesus salva", "Jesus voltará", "Ele veio para libertar os cativos" (essa última inspirada no título de um livro péssimo, que, infelizmente, li pouco depois da minha conversão), entre outras. Fiz isso porque eu queria que todos experimentassem o que eu experimentava, e o jeito de fazer isso acontecer isso era anunciando.

Foram uns sete meses em que fanatismo religioso e temor a Deus se misturaram na minha vida. Foi assim que me doutrinaram e, mesmo que eu tenha magoado alguns, chateado outros e testemunhado para uns tantos, realmente eu acreditava que a mensagem precisava ser pregada. Graças a Deus, minha igreja passou por uma mudança na mesma época e, aos poucos, o equilíbrio começou a fazer parte da minha história. Mas aquela convicção permaneceu aqui dentro e impulsionou tudo que fiz desde então.

FITNESS OU *FATNESS*, SEJA *WITNESS*!

Todo mundo tem um amigo fissurado em algo e que fala disso o tempo todo (se você não tem um amigo assim, então provavelmente essa pessoa é você). A turma da academia, toda *fitness*, adora conversar sobre dietas e treinos. Já a minha turma, a *fatness*, adora falar sobre comida e guloseimas. Temos *nerds*, *geeks*, *gamers*, a turma do pedal, do *beach tennis*, a turma disso ou daquilo. Independentemente da sua turma, existe uma em que todos os cristãos se encontram: a turma *witness*, isto é, a turma que testemunha, que é missional.

Ser missional, em linhas gerais, é ter a consciência de que Deus está fazendo algo no mundo e nos convida a participar disso. Ser missional é ser um missionário com CEP. Por muito tempo, entendeu-se que o missionário era aquele cristão que se dedicava a ir pelo mundo anunciando a salvação em Jesus. É verdade que a missão envolve ir e pregar. Porém, ser missional vai além do deslocamento geográfico. É viver de tal forma que a nossa presença em qualquer lugar seja um reflexo do que Cristo quer fazer ali.

Obviamente, pensar em missões em termos de deslocamento geográfico não está errado, visto que o termo "missão", no contexto da igreja, sempre significou ser enviado para executar uma tarefa. Veja o que Davi Bosch, grande estudioso do tema, disse:

> *Até o século 16, o termo era usado exclusivamente com referência à doutrina da Trindade, isto é, ao envio do Filho pelo Pai e do Espírito Santo pelo Pai e pelo Filho. Os jesuítas foram os primeiros a usá-lo em termos da difusão da fé cristã entre*

> *as pessoas (incluindo protestantes) que não eram membros da Igreja Católica. [...] O termo "missão" pressupõe alguém que envia, uma pessoa ou pessoas enviadas por quem envia, as pessoas para as quais alguém é enviado e uma incumbência. Toda a terminologia pressupõe, assim, que quem envia tem autoridade para fazer isso.*[1]

Graças a homens e mulheres que ouviram a voz de Deus e atravessaram continentes, hoje somos evangélicos. Se não houvesse missionários cumprindo o IDE do Senhor, pregando o evangelho por todo o mundo, sabe-se lá de que religião seríamos.

Contudo, assim como a igreja local prepara e envia missionários para o outro lado do mundo, ela também precisa preparar e enviar missionários para o outro lado do muro. Uma igreja missional é aquela que desperta em seus membros a consciência e a sensibilidade de que são enviados de Deus para a rotina.

Imagine se, ao final de cada culto, saíssemos com essa sensação de que estamos sendo enviados. Ou pense se, em uma celebração de casamento, o casal

---

[1] BOSCH, David J. *Missão transformadora*: mudanças de paradigma na teologia da missão. São Leopoldo: Sinodal, 2002. p. 17.

ASSIM COMO A IGREJA LOCAL PREPARA E ENVIA MISSIONÁRIOS PARA O OUTRO LADO DO MUNDO, ELA TAMBÉM PRECISA PREPARAR E ENVIAR MISSIONÁRIOS PARA O OUTRO LADO DO MURO.

fosse enviado para testemunhar ao mundo que o casamento é uma bênção e que vale a pena lutar por ele. Ou, quem sabe, se, ao final de cada culto de jovens, os jovens saíssem com o pensamento de que são enviados por Deus para a vida ordinária. Resumindo: como seria se cada atividade da igreja conscientizasse o crente de que ele não está ali para engordar espiritualmente? Como disse Keller: "O cristão não é um consumidor espiritual que vem preencher necessidades emocionais e depois volta para casa";[2] antes, ele é encorajado para ser sal e luz em um mundo em decomposição e em trevas.

SOMOS ESSENCIAIS

Jesus começa seu ministério público ensinando. A partir de Mateus 5, temos o que é comumente chamado de

[2] KELLER, 2014, p. 307

Sermão do Monte. Os ouvintes desse sermão pareciam insignificantes diante do imponente império romano e dos líderes religiosos de Israel. No entanto, foi a eles que Cristo ensinou que eram bem-aventurados os pobres em espírito, os que choram, os humildes, os que têm fome e sede de justiça, os misericordiosos, os puros de coração, os pacificadores e os perseguidos por causa da justiça. Esses são a luz do mundo e o sal da terra.

O Sermão do Monte sinaliza como os súditos do reino de Deus podem viver, como a comunidade de Jesus se torna uma comunidade de contraste quando se submete aos ensinos de Cristo. O teólogo John Stott observou:

> *Jesus enfatizou que os seus verdadeiros discípulos, os cidadãos do reino de Deus, tinham de ser inteiramente diferentes. Não deveriam tomar como padrão de conduta as pessoas que os cercavam, mas, sim, Deus, e assim provar serem filhos genuínos do seu Pai celestial. [...] O caráter deles teria de ser completamente diferente daquele que era admirado pelo mundo (as bem-aventuranças). Deveriam brilhar como luzes nas trevas reinantes. [...] Não há um parágrafo no Sermão do Monte em que*

não se trace esse contraste entre o padrão cristão e o não cristão.[3]

Viver como membro do reino de Deus só é possível por causa de Deus. É na relação com Jesus, que nos ama e nos enche de graça, que podemos olhar para esse sermão sem nos desesperar ao perceber suas altas exigências. Não se trata de um *checklist* para a vida nem de um mero conjunto de leis, mas da construção de um relacionamento de amor que gera um testemunho, um jeito de viver. É uma nova vida que invade a velha e implode nosso jeito mundano de ser. É Deus, em Jesus Cristo, quem nos capacita a obedecer ao longo da caminhada.

Aliás, caminhada é uma boa maneira de se pensar a vida com Deus, pois remete a uma jornada, um processo — como mencionei, a um processo de santificação. Nesse sentido, o Sermão do Monte é um ideal em direção ao qual o crente caminha "e tenta atingi-lo. Serei julgado não pelo fato de ter atingido o ideal, mas pelo fato de ter caminhado para ele, com fidelidade".[4]

Uma vida de fidelidade ao reino de Deus inevitavelmente levará seu povo ao testemunho, como Jesus disse nesse sermão:

---

[3] STOTT, John R. W. *A mensagem do Sermão do Monte*. São Paulo: ABU, 1989. p. 5.
[4] MESTERS, Carlos. *Deus, onde estás?*: uma introdução prática à Bíblia. Petrópolis: Vozes, 2003. p. 155.

> *Vocês são o sal da terra. Mas, se o sal perder o seu sabor, como restaurá-lo? Não servirá para nada, exceto para ser jogado fora e pisado pelos homens. Vocês são a luz do mundo. Não se pode esconder uma cidade construída sobre um monte. Ninguém acende uma lâmpada e a coloca debaixo de uma vasilha. Ao contrário, coloca-a no lugar apropriado e, assim, ilumina todos os que estão na casa. Da mesma forma, brilhe a luz de vocês diante dos homens, para que vejam as suas boas obras e glorifiquem o seu Pai, que está nos céus. (Mateus 5:13-16)*

Jesus usou metáforas domésticas para exemplificar o poder do testemunho cristão. Ao falar de sal e luz, tornou sua mensagem mais clara, visto que toda a sua audiência (e a gente também) utilizava sal e luz no cotidiano. Vamos entender cada parte.

Sal da terra

O sal, no tempo de Jesus, tinha várias funções: temperar alimentos, adubar a terra e preservar a carne, evitando seu apodrecimento (uma técnica conhecida no Brasil como "carne de sol" ou "charque"). Ao afirmar que seu povo é o "sal da terra", Jesus aponta para nossa missão de impedir, ou melhor, de retardar a deterioração do mundo. Sabemos que o mundo jaz no maligno e "apodrece" a cada ano que passa, mas Deus iniciou a restauração desse mundo ao comissionar a igreja. Por isso, Deus salga o mundo com seu povo, que, ao testemunhar dele e manifestá-lo, sinaliza que o estado atual da criação não é definitivo e que existe esperança.

POR ISSO, DEUS SALGA O MUNDO COM SEU POVO, QUE, AO TESTEMUNHAR DELE E MANIFESTÁ-LO, SINALIZA QUE O ESTADO ATUAL DA CRIAÇÃO NÃO É DEFINITIVO E QUE EXISTE ESPERANÇA.

Juntamente com a afirmação de nossa identidade como sal da terra vem um alerta: "O sal pode perder seu sabor e não servir para mais nada". Quimicamente falando, o sal não perde a salinidade, mas pode ser contaminado com impurezas e tornar-se nocivo. Isso quer dizer que podemos nos tornar cristãos imprestáveis. Jesus pede que tenhamos sal em nós mesmos (Marcos 9:50), isto é, que apresentemos neste mundo um comportamento semelhante ao de Cristo.[5]

[5] STOTT, 1989, p. 51.

Luz do mundo

Mesmo depois do Iluminismo, quando a razão e o progresso ganharam destaque, a humanidade permanece em trevas espirituais. Apesar das conquistas intelectuais e científicas, ela continua sem a capacidade de encontrar o verdadeiro caminho sozinha. A humanidade não tem luz própria; precisamos de quem é, por essência, a luz do mundo (João 8:12) e o caminho (João 14:6). Nesses dois versículos, encontramos aspectos centrais da identidade e da missão de Jesus: ele é a verdade que ilumina o caminho da existência humana, dissipando a escuridão da ignorância, do pecado e da morte. Mais do que um mero mestre ou guia, Jesus é a própria presença de Deus que transforma a humanidade, oferecendo direção, propósito e redenção.

Por sermos seus discípulos, também nos tornamos luz; não como ele, mas, por estarmos nele, compartilhamos de sua luz. Tanto que nosso testemunho não aponta para o que fazemos, mas para o que ele fez e faz. A missão de iluminar o mundo é uma continuidade da obra de Cristo, confiada ao povo que ele comissionou. Jesus disse: "Vocês são a luz do mundo" (Mateus 5:14) — uma metáfora que destaca a responsabilidade do cristão de brilhar em meio às trevas. Nossa missão é evidente neste mundo sombrio: ser um contraste vivo e nítido, refletindo a graça, a justiça e o amor de Deus.

Além disso, a metáfora da luz revela a inevitabilidade do testemunho cristão — tão inevitável quanto Thanos, mas para o bem. Assim como uma cidade no alto de uma colina não pode ser escondida, o testemunho de quem está em Cristo torna-se perceptível, inevitável. Perceba que não somos chamados para nos esconder do mundo, mas para tornar conhecidos a vida e o sacrifício de Cristo em meio ao mundo, como bem disse o famoso pregador John Wesley:

> *Aliás, se nos separássemos totalmente dos pecadores, como poderíamos manifestar o caráter que Jesus requer em seus outros ensinos? [...] É da nossa própria natureza temperar tudo o que está a nossa volta. É da natureza de nossa fé espalhá-la em tudo o que tocamos. Nós a difundimos por todos os lados a todos os que nos rodeiam.*[6]

Jesus nos convida a sermos como ele: luz que dissipa a escuridão, presença que transforma. É uma missão que nos envolve totalmente, é um compromisso que assumimos para que Deus seja conhecido e glorificado.

---

[6] WESLEY, John. *O sermão do monte*. São Paulo: Vida, 2012. p. 115.

MISSÃO: POSSÍVEL

Na franquia de filmes *Missão: Impossível*, o personagem de Tom Cruise, Ethan Hunt, recebe uma missão que ele pode aceitar ou recusar — claro, ele sempre aceita e nós temos um bom filme de ação. Diferentemente de Ethan, não temos opção. Você é um missionário, uma missionária, e não tem como aceitar ou recusar a missão, pois ela está ligada à sua nova identidade em Deus, e fazer parte da família de Deus implica fazer o que Deus faz.

Quando aceitamos o convite de Jesus para segui-lo, trilhamos o caminho do discipulado. Como disse o teólogo Kevin Vanhoozer: "O chamado para o discipulado é dramático por 1) exigir uma resposta; e 2) a resposta envolver ação. Não existem discípulos estagnados em poltronas".[7] Sendo assim, anunciar o evangelho não é opcional, pois Cristo, em Mateus 28:19-20, não sugeriu algo à igreja, do tipo: "Pessoal, seria legal se vocês espalhassem essa mensagem que transforma o mundo". Nada disso! Ele deu uma ordem direta aos seus discípulos: "Portanto, vão e façam discípulos de todas as nações, batizando-os em nome do Pai e do Filho e do

---

[7] VANHOOZER, K. J. *Quadros de uma exposição teológica*: cena de adoração, testemunho e sabedoria da igreja. Brasília: Monergismo, 2018. p. 193.

Espírito Santo, ensinando-os a obedecer a tudo o que eu ordenei a vocês. E eu estarei sempre com vocês, até o fim dos tempos". Que promessa maravilhosa, que privilégio o nosso!

E quando é que você e eu fazemos tudo isso? Enquanto vivemos! É na corrida da vida que testemunhamos o que aconteceu conosco e com o mundo. Quando olhamos para Jesus, percebemos que ele manifestava o reino enquanto caminhava e anunciava as boas-novas enquanto se sentava à mesa. Aliás, Jesus foi chamado por seus opositores de "comilão e beberrão" — isso obviamente não era verdade, mas indicava o quanto ele gostava de praticar a comensalidade, isto é, a comunhão ao redor da mesa. Gostava tanto que instituiu a Ceia como uma forma de nos lembrarmos dele e do que ele fez.

Por fim, entenda, igreja não tem uma missão. Missão não é uma coisa que a igreja faz, mas a essência do que ela é. "Não é tanto a questão de Deus ter uma missão para sua igreja no mundo, mas, sim, de ter uma igreja para sua missão no mundo. A missão não foi feita para a igreja, mas a igreja foi feita para a missão — a missão de Deus."[8] A igreja existe para dar continuidade

---

[8] WRIGHT, C. J. H. *A missão do povo de Deus*: uma teologia bíblica da missão da igreja. São Paulo: Vida Nova, 2012. p. 30

ao trabalho de Jesus na promoção do reino de Deus. Deus está consertando o mundo, e a igreja desempenha papel central nisso.

A HISTÓRIA DA FUNCIONÁRIA INCONVENIENTE

Um amigo, certa vez, me ligou — ou talvez tenha mandado uns áudios no WhatsApp, não lembro bem — para compartilhar uma reflexão importante que teve após uma experiência no trabalho. Ele contou que uma moça nova havia começado na empresa e que era muito comunicativa. Ela chamou a atenção dele porque, em menos de uma semana, já tinha falado de Jesus para metade da empresa, algo que ele, em anos de trabalho ali, nunca havia feito.

Algumas pessoas comentaram que ela falava demais e que, às vezes, era meio inconveniente; contudo, outros a ouviram. Meu amigo chegou à conclusão de que não basta apenas sermos bons funcionários ou cidadãos — precisamos ser intencionais em nossas relações e ações. Ele entendeu que o evangelho precisa ser anunciado com palavras, obviamente acompanhado de ações, mas, em essência, o evangelho é uma boa notícia que precisa ser dita.

Isso remete à célebre frase: "Pregue o evangelho; se necessário, use palavras". Frase bacana, bonita e até cabe no para-lama do caminhão,[9] contudo, perigosa. Keller nos explica o porquê:

> *Se o evangelho se referisse acima de tudo ao que temos de fazer para ser salvos, poderia ser transmitido tanto por ações (a ser imitadas) quanto por palavras. Mas, se o evangelho diz respeito, acima de tudo, ao que Deus fez para nos salvar e à maneira como recebemos isso por fé, ele só pode ser anunciado com palavras. A fé não pode vir senão pelo ouvir. [...] Efésios 6:19 e Colossenses 1:23 ensinam que proclamamos o evangelho por meio da comunicação verbal, particularmente da pregação.*[10]

De forma alguma o que acabamos de ler pretende diminuir ou inibir as boas obras. Elas são fundamentais, pois “Deus preparou previamente para que andássemos nelas” (Efésios 2:10). No entanto, elas são os efeitos do evangelho em nós, e não o próprio evangelho. Em outras palavras, pratico o amor ensinado por

[9] Seguidores no Instagram me falaram que podemos chamar de “lameirão” a parte do caminhão em que vão as frases.
[10] KELLER, 2014, p. 39.

Jesus porque fui amado por ele. Isso reforça a ideia de que não temos mérito nenhum. Ele nos amou primeiro e nos capacita a amar; sem ele, não podemos fazer nada. E, quando fazemos, estamos apenas reagindo ao que ele fez por nós. Sempre será sobre o que ele fez!

ELE NOS AMOU PRIMEIRO E NOS CAPACITA A AMAR; SEM ELE, NÃO PODEMOS FAZER NADA. E, QUANDO FAZEMOS, ESTAMOS APENAS REAGINDO AO QUE ELE FEZ POR NÓS. SEMPRE SERÁ SOBRE O QUE ELE FEZ!

A moça que falou de Jesus para metade da empresa tinha algo a compartilhar e não escondeu sua luz debaixo de uma vasilha, como Jesus ensinou em Mateus 5:15. Ela não teve medo de dizer: "Venham e vejam, eu encontrei o Messias". O fato de alguns a acharem inconveniente ou de não a ouvirem aconteceu também com Jesus, com Paulo, e tomara que aconteça comigo e com você. Isso pode ser um sinal de que não temos medo de brilhar no escuro.

Somos chamados a glorificar a Deus em tudo o que fazemos, inclusive em nossas atividades profissionais. Sei que isso pode ser desafiador, mas, às vezes, o lugar em que passamos boa parte do nosso dia é onde mais temos a chance de testemunhar. Nem sempre nosso trabalho nos traz satisfação ou realização pessoal, o que, sem dúvida, pode tornar a pregação mais difícil. Contudo, glorificar a Deus no trabalho (ou na escola) vai além do prazer que sentimos em nossa tarefa; é um ato de adoração e de obediência, um reflexo do amor que recebemos e que desejamos expressar em todos os aspectos de nossa vida.

I love my job.
I love my job.
I love my job.

CAPÍTULO 6

COMO GLORIFICAR A DEUS SE EU ODEIO MEU TRABALHO?

NO FILME *O Diabo veste Prada* (David Frankel, 2006), há um diálogo muito interessante sobre trabalho e realização. Em uma das cenas, Andrea (interpretada por Anne Hathaway) está conversando com amigos em um bar sobre seu novo trabalho em uma revista de moda, um emprego que, como ouvimos várias vezes durante o filme, milhões de garotas matariam para ter. Esse não é o trabalho ideal para Andrea, que tem outros anseios, mas, como sua amiga diz, "Tem de começar em algum lugar, não é?". O grupo está conversando sobre seus empregos medíocres e terminam o papo fazendo um brinde "aos trabalhos que pagam o aluguel".

Talvez a maioria de nós faça o mesmo brinde aos finais de semana, visto que, segundo pesquisas, 90% dos brasileiros não gostam do próprio trabalho, no qual passam boa parte do dia.[1] Já conversei com vários motoristas de aplicativo, e a maioria esmagadora está nesse

[1]MUNDO RH. 90% dos brasileiros estão infelizes no trabalho. Disponível em: https://www.mundorh.com.br/90-dos-brasileiros-estao-infelizes-no-trabalho/. Acesso em: 26 fev. 2024.

ramo pela necessidade de pagar as contas. Muitos, inclusive, têm diplomas universitários, o que até gerou um *meme* com o pessoal de engenharia — não sei se essa piada chegou à sua bolha. *Memes* à parte, é fato que muitos idealizaram uma profissão na juventude, mas a realidade e o cenário econômico os empurraram para um mercado de trabalho diferente. Afinal, as contas não esperam a gente estar no trabalho dos sonhos para chegar.

O PECADO NO ÉDEN FRAGMENTOU A EXISTÊNCIA HUMANA EM TODAS AS SUAS DIMENSÕES, INCLUSIVE NA DO TRABALHO.

Imagino que seja difícil enxergar um trabalho do qual você não gosta, no qual não se sente realizado, como parte do propósito de Deus para o mundo e para sua própria vida. Talvez por isso muitos cristãos passem boa parte da vida sem a convicção de que estão realizando algo significativo para Deus. Lemos, anteriormente, que somos chamados a prestar um serviço ao mundo por meio do ministério da reconciliação. Obviamente, isso não quer dizer que, para cumprir essa tarefa, você precisa largar tudo e se tornar funcionário da igreja, voluntário ou, ainda, dedicar integralmente sua vida a uma agência missionária. Falaremos sobre isso mais tarde; por ora, o foco é encaixar a teologia do serviço ao reino de Deus na realidade de que boa parte dos crentes não gosta ou é completamente indiferente ao seu trabalho.

Ainda que você seja uma pessoa que ame seu trabalho, sabe que nem tudo são flores. A sentença de Deus em Gênesis 3:16-19 garante sofrimento no trabalho até o dia de nossa morte. Isso é meio desanimador, eu sei, mas é a realidade de um mundo caído. O pecado no Éden fragmentou a existência humana em todas as suas dimensões, inclusive na do trabalho. Acredite, até quem é pago para assistir à Netflix cedo ou tarde enfrenta adversidades. Como disse Timothy Keller:

> *O trabalho não é uma maldição em si mesmo, porém agora está, juntamente com todos os outros aspectos da vida humana, sob a maldição do pecado. "Espinhos e ervas daninhas" irão brotar enquanto procuramos produzir alimento (v. 18 [de Gênesis 3]). Quando nos lembrarmos de que o trabalho de cuidar do jardim simboliza todos os tipos de trabalho humano e desenvolvimento cultural, e isso implica que todo trabalho e esforços*

humanos serão marcados por insucesso e frustração.[2]

Essa condição nos lembra de que nossos esforços nunca construirão o reino de Deus aqui na terra, ainda que apontem para ele. Também nos recorda de nossa própria pequenez e efemeridade. Por melhor que nosso trabalho seja, ele passará, assim como nós. O trabalho não deve ser fonte de orgulho nem de murmuração, mas uma ferramenta para garantir a subsistência da vida e um meio de glorificar a Deus.[3]

UMA BOA HISTÓRIA MUDA TUDO

Volto à pergunta-título deste capítulo: como glorificar a Deus se eu odeio meu trabalho? Quero ajudar você,

---

[2] KELLER, Tim; ALSDORF, K. L. *Como integrar fé e trabalho*: nossa profissão a serviço do reino de Deus. São Paulo: Vida Nova, 2014. p. 86-7.

[3] Reconheço que minha abordagem sobre fé e trabalho é limitada, tanto pelo espaço como pela minha competência, e não leva em consideração todas as dimensões do trabalho aqui no Brasil, por exemplo, os mais de 1,4 milhão de trabalhadores em situação de escravidão (disponível em https://fiquemsabendo.com.br/institucional/brasil-teve-1-4-mil-trabalhadores-em-situacao-de-escravidao-moderna-resgatados-em-2023), ou as mais de mil crianças resgatadas do trabalho infantil (disponível em https://www.gov.br/trabalho-e-emprego/pt-br/noticias-e-conteudo/2023/junho/mte-retira-mais-de-1-000-criancas-e-adolescentes-do-trabalho-infantil-em-2023). Este capítulo não faz sentido para essas pessoas. Elas precisam de justiça! Também não entro no mérito de você trabalhar em um ambiente de abuso. Nesse caso, também não faz sentido você insistir no trabalho pensando que, assim, vai agradar a Deus. Você precisa se realocar assim que possível.

fazendo-o entender que sua vida pertence a uma história maior, que diz respeito a algo mais — mais que um bom emprego ou um trabalho que pague as contas. Se você entender isso, terá uma mudança de perspectiva que fará toda a diferença.

Quando nosso interior é transformado por Cristo, muitas coisas mudam, inclusive a forma como vivemos a vida. Isso, contudo, não quer dizer que, depois da conversão, passaremos a amar o trabalho que antes desprezávamos, mas o evangelho permite um novo olhar, uma nova motivação. Para isso, precisamos compreender que Deus não somente mudou nossa história, mas também nos chamou para fazer parte da história dele no mundo. Quando você percebe que pertence a algo maior, que não é uma pessoa qualquer em um emprego qualquer, suas perspectivas sobre a vida mudam.

Li, certa vez, que "vivemos nas histórias que nos contamos".[4] Isso é muito verdade! Desde a infância, somos invadidos por histórias que moldam nosso jeito de pensar e de agir. Vivemos em um mundo repleto de narrativas. Como personagens nesse palco chamado vida, nem sempre desempenhamos papéis que escolhemos, a começar pela família e pelo lugar

[4] MORRISON apud COSPER, M. *As histórias que contamos*: como séries e filmes ecoam e anseiam pela verdade. São Paulo: Pilgrim, 2019. p. 29.

em que nascemos. Com o tempo, podemos fazer nossas escolhas, mas, ainda assim, as possibilidades são predeterminadas. Não vou ficar filosofando aqui, fica tranquilo, ainda que esse seja um exercício importante. O ponto é que você caiu no meio de uma história já em andamento, e precisa prestar atenção nisso. Como disse Anne Wheeler, personagem da Zendaya em *O Rei do Show* (Michael Gracey, 2017): "Todos nós temos um ato".

Deus está escrevendo uma história no mundo e nós somos chamados a participar dela. Já pensou em colocar toda a sua vida — o que inclui seu trabalho ou seu estudo — a serviço dessa história? Penso que a série *The Chosen* captou bem essa ideia no episódio 8 da segunda temporada, que mostra Jesus preparando o Sermão do Monte. Na ocasião, Jesus diz a Mateus: "É um manifesto, Mateus, não vim ser sentimental ou tranquilizador, vim começar uma revolução. [...] Eu disse 'revolução', não 'revolta'. Estou falando de uma mudança radical [...] quero que meus seguidores renovem o mundo. E façam parte de sua redenção". O roteiro da série interpreta bem o que o Novo Testamento espera dos cristãos. Você pode ser mais um cristão que fica reclamando da vida ou pode se tornar um que encara a realidade com olhos missionais, isto é, reconhecendo que, depois de Cristo, sua história não é mais sua, mas de Deus. A exemplo de seu único Filho, a quem enviou como missionário, o Pai faz de toda a família da fé uma testemunha da sua obra. Logo, o que você faz para ganhar o pão de cada dia é parte da sua missão no mundo, quer você goste do que faz, quer não. O papel que Deus lhe deu nessa história é o de agente do reino, e não o de funcionário do mês ou de empresário capa de revista.

VOCÊ PODE SER MAIS UM CRISTÃO QUE FICA RECLAMANDO DA VIDA OU PODE SE TORNAR UM QUE ENCARA A REALIDADE COM OLHOS MISSIONAIS, ISTO É, RECONHECENDO QUE, DEPOIS DE CRISTO, SUA HISTÓRIA NÃO É MAIS SUA, MAS DE DEUS.

Isso não significa que você precisa baixar a cabeça e aceitar o trabalho que tem em vez de buscar um melhor. Se você tem a oportunidade de lutar, vá em frente, especialmente se seu ambiente de trabalho for tóxico e explorador. Contudo, quero ressaltar que você não precisa morrer de amores por sua ocupação para enxergá-la como obra de Deus. Precisamos entender com clareza que fomos incluídos na história da redenção do mundo e estamos, juntamente com Deus, contando uma história.

QUAL É A NOSSA HISTÓRIA?

O enredo cristão se resume principalmente em três atos: criação, queda e redenção/restauração. Vivemos em um mundo que foi criado bom, mas que sofre os efeitos do pecado. Contudo, por causa da obra de Cristo em nós e do derramamento do Espírito Santo, um novo tempo se torna possível ainda hoje: Deus invadiu a história, e a eternidade nos tocou. Isso significa que este mundo velho foi tomado por algo novo, como o apóstolo Paulo escreveu: "Logo, todo aquele que está em Cristo se tornou *nova criação. A velha vida acabou*, e *uma nova vida* teve início!" (2Coríntios 5:17, NVT, grifo meu). Ter sido alcançado por Cristo vai muito além do sentimento de ser salvo; é um chamado a ser sal e a

TER SIDO ALCANÇADO POR CRISTO VAI MUITO ALÉM DO SENTIMENTO DE SER SALVO; É UM CHAMADO A SER SAL E A VIVER SUA HISTÓRIA DE UMA NOVA FORMA, REFLETINDO UMA NOVA CRIAÇÃO.

viver sua história de uma nova forma, refletindo uma nova criação.

Tudo isso ganha mais significado quando entendemos que, por milhares de anos, Deus vem contando uma história de redenção: desde Gênesis 12, ele pôs em marcha seu plano para reverter os efeitos da Queda, narrada em Gênesis 3. A promessa feita a Abraão é emblemática: "Farei de você um grande povo e o abençoarei. Tornarei famoso o seu nome, e você será uma bênção. [...] por meio de você, todos os povos da terra serão abençoados" (Gênesis 12:2-3). Sobre isso, o apóstolo Paulo diz: "Se vocês são de Cristo, são descendência de Abraão e herdeiros segundo a promessa" (Gálatas 3:29). Uma das aplicações possíveis desse texto para nós é que aqueles que estão em Cristo carregam a mesma missão de Abraão: levar a bênção redentora às pessoas.

Não sei você, mas eu fico encantado com o fato de ter sido enxertado nessa história! Não é incrível ler as narrativas da Bíblia e saber que fazem parte do nosso passado? Sim, é isso mesmo: somos descendentes de Abraão, por meio de Cristo, e isso nos conecta a todo o enredo das Escrituras. É por isso que a Bíblia é nossa regra de fé e conduta, mas é também a nossa história.

A história que as Escrituras contam é *a* história, e, como tal, deve moldar nossa história individual.

É a partir dela que entendemos o que aconteceu com o mundo e o que Deus tem feito para consertá-lo: primeiro, ele separou os israelitas para que fossem luz entre as nações; depois, com o fracasso do povo, Deus falou por meio de profetas, assegurando a todos que ele mesmo jamais fracassaria e que, um dia, enviaria um novo representante. Foi por meio desse salvador prometido que todo o mundo passou a ser restaurado. E então,

> *Jesus anuncia que aquele dia chegou: o poder de Deus para renovar toda a criação por meio de seu Espírito está agora presente em Jesus. Esse poder libertador é exibido na vida e obra de Jesus e é explicado por suas palavras. Mas é na cruz que o triunfo do reino de Deus é concretizado. Ali ele combate o poder do mal e conquista a vitória decisiva. Sua ressurreição é o alvorecer do primeiro dia da nova criação. Vivo dentre os mortos, ele surge como o primogênito na vida vindoura. Antes de subir até Deus Pai, ele encarrega seus poucos seguidores de dar continuidade à sua missão de tornar conhecidas as boas-novas do reino até que ele volte. Depois disso, ocupa seu lugar à*

> *direita de Deus para reinar com poder sobre toda a criação. Ele derrama seu Espírito e pelo Espírito torna conhecido seu governo restaurador e abrangente em seu povo e por meio dele, à medida que este encarna e proclama as boas-novas.*[5]

Deus não parou de trabalhar e não mediu esforços para promover as boas-novas (João 5:17). Ele constituiu um povo que encena seu reino. Logo, tudo o que somos e fazemos deve apontar para o reino de Deus. O evangelho é uma verdade pública, não diz respeito somente à nossa vida privada. A narrativa que mudou sua vida é aquela que muda o mundo inteiro.

COMO ENCARAR O TRABALHO AGORA?

Você deve encarar seu trabalho da mesma forma que a Bíblia encara qualquer trabalho: um chamado para cuidar daquilo que Deus olhou e viu que era bom (Gênesis 1). Deus criou o ser humano à sua imagem e semelhança e o colocou como corresponsável pela criação; assim, ser *imago Dei* (imagem de Deus) significa

---

[5] GOHEEN, Michael W.; BARTHOLOMEW, Craig G. *Introdução à cosmovisão cristã*: vivendo na intersecção entre a visão bíblica e a contemporânea. São Paulo: Vida Nova, 2016. p. 23-4.

também trabalhar no mundo em nome de Deus.[6] Como lemos no primeiro capítulo de Gênesis, o próprio Deus foi o primeiro trabalhador: "É algo notável que [...] Deus não só trabalhe, como também se alegre no trabalho. [...] O trabalho não é inserido na história humana depois da Queda de Adão, como parte da ruína e da maldição; é parte da bênção do jardim de Deus".[7]

PRECISAMOS ACORDAR NA SEGUNDA-FEIRA CONSCIENTES DE QUE O CHAMADO DE DEUS PARA SEU POVO TRANSCENDE NOSSA CONDIÇÃO SOCIAL E OPERACIONAL.

O trabalho, que, no início, era bom, foi corrompido depois da Queda. Por isso, falamos em "redenção do trabalho" e de uma nova mentalidade para o dia a dia. Munidos da ideia de que o trabalho é essencial em nossa vida e uma bênção divina para a humanidade, precisamos acordar na segunda-feira conscientes de que o

[6] Obviamente, ser imagem e semelhança de Deus tem muitas outras implicações teológicas. Para saber mais, ouça o episódio "Imago Dei — BTCast 056", do Bibotalk.
[7] KELLER; ALSDORF, 2014, p. 37-8.

chamado de Deus para seu povo transcende nossa condição social e operacional.

Isso é confirmado, por exemplo, em 1Coríntios 7:17: “Cada um continue vivendo na condição que o Senhor lhe designou e de acordo com o chamado de Deus. Esta é a minha ordem para todas as igrejas”. Um estudioso de Paulo comentou que o “chamado” mencionado em todo o capítulo 7 dessa carta se refere a “servir fielmente a Cristo em qualquer situação em que a pessoa se encontrava na época do seu ‘chamado’ para se tornar um dos discípulos de Cristo”.[8] Paulo não está falando especificamente sobre trabalho nesse capítulo, mas sobre o status social e cultural dos novos cristãos.[9] Contudo, afirmar que não precisamos deixar o trabalho ou estudo para nos dedicar ao chamado divino é uma aplicação válida para essa passagem. Nesse sentido, Martinho Lutero, o reformador alemão, nos ajuda muito.

AS MÁSCARAS DE DEUS

No século 16, a igreja ensinava que o único trabalho espiritual — portanto, a única “vocação” ou o único “chamado” real — era o serviço religioso. Ou seja, só

[8] FEE, Gordon. *1Coríntios*: comentário exegético. São Paulo: Vida Nova, 2019. p. 384.

[9] Para um resumo teológico deste capítulo, consultar WRIGHT, 2020, p. 104-8.

monges, freiras, padres e o papa tinham uma ocupação realmente espiritual; as demais eram mundanas. Lutero se opôs a essa ideia. Em sua tradução de 1Coríntios 7, ele optou por utilizar o termo "ocupação" para traduzir as palavras gregas que costumeiramente são traduzidas por "vocação" ou "chamado", causando muito barulho teológico. Em um de seus escritos, Lutero afirmou:

> *É pura invenção que o papa, os bispos, padres e monges devam ser chamados de "classe espiritual"; e príncipes, senhores, artesãos e camponeses de "classe secular". Isso é, de fato, uma invenção e um engano muito sutis. Ainda assim, ninguém deve ser intimidado por isso; e por este motivo: na verdade, todos os cristãos são a "classe espiritual", e não há entre eles diferença alguma, a não ser a ocupação que possuem.*[10]

[10] LUTERO, M. *Martinho Lutero*: uma coletânea de escritos. São Paulo: Vida Nova, 2017. p. 92. O termo "classe" está entre aspas pois o melhor termo em português seria "estamento". Os estamentos medievais eram divisões por níveis de dignidade. Os dois estamentos fundamentais eram o espiritual (baixo clero, bispos e cúria) e o secular (camponeses, baixa nobreza e alta nobreza). Concordo com o termo "classe", mais simples, pois transmite melhor a ideia de Lutero, ainda que classes sociais hoje não sejam a mesma coisa que os estamentos no tempo de Lutero.

Dessa forma, Lutero deixou claro que todas as ocupações são espirituais, podem glorificar a Deus e, mais que isso, são um serviço de Deus e para Deus. Ele entendia que, por trás de cada atividade humana na construção e na preservação de uma comunidade, Deus trabalha escondido; isto é, Deus realiza sua obra por meio do trabalho de cada cidadão. Nas palavras de um estudioso de Lutero:

> *Vocações, de acordo com Lutero, são as "máscaras de Deus". Vemos nossos pais, que nos deram a vida, o lavrador que cultiva o grão que entrou no pão que comemos no café da manhã, os policiais que nos protegem dos criminosos e o pastor que pregou o evangelho que recebemos pela fé. Mas, pairando sobre todos eles, está o próprio Deus, que opera através deles. Deus se esconde — ou seja, está presente, mas não visível — nos seres humanos comuns que nos abençoam por seus atos no dia a dia.*[11]

É muito gratificante saber que nosso trabalho (ou estudo), seja qual for, é uma ação de Deus no mundo e

[11] VEITH, G. E. In: SPROUL, R. C.; NICHOLS, S. J. O. (orgs.) *Legado de Lutero*. São José dos Campos: Fiel, 2017. p. 284.

É MUITO GRATIFICANTE SABER QUE NOSSO TRABALHO (OU ESTUDO), SEJA QUAL FOR, É UMA AÇÃO DE DEUS NO MUNDO E UMA FORMA DIVINA DE CUIDAR DO PRÓXIMO. POR ISSO, ELE IMPORTA.

uma forma divina de cuidar do próximo. Por isso, ele importa. Logo, tanto aquele que prega como aquele é motorista de aplicativo glorificam a Deus e são instrumentos em suas mãos. Antes mesmo de Lutero, o reformador inglês William Tyndale tinha defendido: "Nenhum trabalho é melhor que outro para agradar a Deus: buscar a água, lavar a louça, ser sapateiro ou apóstolo, tudo é uma só coisa; lavar louça ou pregar o evangelho é uma só coisa, no que se refere ao trabalho, para agradar a Deus".[12] Então, quer agradar a Deus? Faça seu trabalho bem-feito e estude para ser o melhor profissional que puder, pois tudo isso faz parte do culto que prestamos a Deus como seus sacerdotes e sacerdotisas nesse grande templo que é o mundo.

[12] TYNDALE, W. apud CARRIKER, T. Qual o melhor trabalho para agradar a Deus? Disponível em: https://ultimato.com.br/sites/blogdaultimato/2017/11/24/qual-o-melhor-trabalho-para-agradar-a-deus/. Acesso em: 18 abr. 2024.

CONSIDERAÇÕES FINAIS

SERVOS SEM MÉRITO, ENVIADOS COM PROPÓSITO

VIVEMOS EM uma cultura obcecada por realizações e méritos pessoais. Por todos os lados, ouvimos discursos, pregações ou canções que exaltam nossa capacidade de "conquistar", "tomar posse" e "viver nossos sonhos". A própria teologia *coaching* tem se tornado um eco dessa mentalidade, bem como a formadora dela, prometendo uma espiritualidade que faz de Deus um patrocinador dos nossos desejos e das nossas vontades. É uma abordagem que transforma a fé em ferramenta de conquista, e o Senhor, em um meio para alcançar objetivos. Nesta continuação de *O Deus que destrói sonhos*, busquei confrontar essa narrativa, mostrando que o verdadeiro discipulado não se define pelo que conseguimos, mas por quem servimos.

Ser um cristão "inútil", como propus aqui, é justamente o oposto dessa busca desenfreada por sucesso e reconhecimento. Não se trata de sermos insignificantes, mas de reconhecermos que nosso trabalho no reino é um serviço realizado por amor e em obediência, e não por aplausos e sucesso pessoal. Este é o cerne do nosso chamado: viver para o reino, o que implica abandonar a glória pessoal e assumir a posição de servos sem méritos. Tudo o que fazemos e somos está a serviço de algo maior que nós mesmos.

DEUS NÃO ESTÁ INTERESSADO NOS TÍTULOS QUE ACUMULAMOS OU NAS MEDALHAS QUE CONQUISTAMOS.

Deus não está interessado nos títulos que acumulamos ou nas medalhas que conquistamos. Aliás, deveríamos pegar nossos títulos e medalhas e jogar no lixo, como o apóstolo Paulo fez com seus feitos e status em Filipenses 3:7-8. (Aliás, sugiro que você leia esse versículo na NTLH.)[1] Sabe no que Deus está realmente interessado? Em construir pontes com os perdidos — e nós somos chamados a viver isso com ele. Deus nos chama para uma vida de amor, entrega e humildade, como testemunhas vivas de sua graça. É nisso que está nossa identidade, e não naquilo que podemos alcançar com nossas forças.

Deus está dizendo: "Vão e, enquanto estiverem indo, preguem a toda criatura". Essas palavras não são

[1] Algumas traduções, como a NVI23, traduzem a palavra grega *skybala* no final do versículo 8 como esterco, outras versões, como a NTLH, utilizam o termo lixo. *Skybala* carrega a ideia de algo imundo, como um lixo de rua malcheiroso adequado apenas para cães, esterco ou refugo.

uma sugestão casual, tampouco um conselho opcional; são um chamado direto, uma convocação divina que atravessa o tempo e chega até nós com o mesmo peso com que foi proferida aos discípulos. O Espírito prometido em Atos 1:8, o qual daria poder aos discípulos para serem testemunhas de Jesus "em Jerusalém como em toda a Judeia e Samaria e até os confins da terra", e que, de fato, desceu no Pentecostes (Atos 2), atua hoje em nós. Sobre isso, o teólogo Craig Keener disse: "A promessa de capacitação para a missão é dada diretamente aos apóstolos (Atos 1.8), mas que o mesmo poder é prometido a toda a igreja no Pentecostes (Atos 2.38-39) implica que todos os crentes capacitados pelo Espírito contribuirão para a mesma tarefa (embora de maneiras diversas)".[2]

O PODER QUE VEM DE DENTRO

Sabe por que é importante trazer Atos 1:8 para essa conversa? Porque nossa cultura também fala muito sobre empoderamento, sobre a capacidade de o indivíduo gerar, a partir de si próprio, potencialidades que o fazem superar desafios, realizar tarefas e ter autonomia. Fala sobre o ser humano ser cheio de

[2] KEENER, Craig S. *Comentário exegético Atos*: introdução e caps 1.1 a 2.47. Rio de Janeiro: CPAD, 2022. p. 830-831.

si e se olhar no espelho e dizer: "Eu posso, eu consigo, eu mereço".

Bem, para o cristão, esse discurso não cola. A teologia cristã sustenta que o verdadeiro poder e a capacidade para uma vida plena não derivam de uma autossuficiência inata, que precisa ser despertada ou ativada, mas, sim, de uma vida fundamentada na graça, no poder e na sabedoria de Deus. A partir dessa perspectiva, o conceito secular de empoderamento pode ser visto como insuficiente ou mesmo enganoso, visto que desconsidera a realidade da natureza pecaminosa e a necessidade de redenção.

Todos os seres humanos são impactados pelo pecado, o que compromete profundamente sua capacidade de buscar e realizar o bem de forma plena e autossuficiente. Paulo afirmou: "pois todos pecaram e estão destituídos da glória de Deus" (Romanos 3:23), indicando que nossa natureza é caída e falha. A ideia de que uma pessoa poderia, por si só, encontrar toda a força e todo o poder necessários para uma vida plena e realizada ignora a realidade de que, sem Deus, o ser humano é privado da fonte da vida, torna-se vulnerável ao egoísmo e à idolatria, e está propenso a buscar seus interesses acima de tudo. Desse modo, como podemos aceitar esse discurso do empoderamento baseado no poder que vem de dentro? Não podemos!

O PODER QUE VEM DE FORA

Para o cristão, todo "empoderamento" autêntico e transformador começa com a consciência de que nossa força, em última análise, não nos pertence. Cristo foi enfático: "Sem mim vocês não podem fazer nada" (João 15:5). Este é o cerne da fé cristã: reconhecer a profundidade de nossa limitação e fragilidade, uma condição que só pode ser superada pelo dom gracioso de Deus, que nos capacita a viver de maneira realmente frutífera.

ESTE É O CERNE DA FÉ CRISTÃ: RECONHECER A PROFUNDIDADE DE NOSSA LIMITAÇÃO E FRAGILIDADE, UMA CONDIÇÃO QUE SÓ PODE SER SUPERADA PELO DOM GRACIOSO DE DEUS, QUE NOS CAPACITA A VIVER DE MANEIRA REALMENTE FRUTÍFERA.

Ao contrário do empoderamento secular, que exalta a autoconfiança, o cristianismo nos convida a uma confiança firme e dependente, não em nós mesmos, mas em Deus. O apóstolo Paulo, ao escrever "Tudo posso naquele que me fortalece" (Filipenses 4:13), não exaltava uma habilidade inata, mas celebrava o poder que vem de Deus.

E, quando Deus empodera seu povo, ele tem algo muito claro em mente: "E serão minhas testemunhas". Essa responsabilidade de ser testemunhas vem junto com nossa filiação. Deus nos dá poder para continuar a obra que ele iniciou em Cristo. Ele nos equipa com seu Espírito para anunciarmos o evangelho com ousadia e sensibilidade, e vivermos de modo a revelar o caráter de Deus ao mundo.

Portanto, ao se dirigir ao mundo, cada um de nós — e nós como igreja — carrega a responsabilidade de ser uma "carta de Cristo" (2Coríntios 3:3), escrita pelo Espírito e lida por todos. Nossa vida, nossos valores, nossas ações e nossas palavras se tornam uma pregação contínua, que revela ao mundo quem Deus é, o que ele fez e ainda está fazendo por meio de nós.

Quando entendemos que nossa missão é partilhada, nosso testemunho ganha força. Não estamos sozinhos nessa caminhada; somos acompanhados pelo Espírito e cercados por uma família de fé. O senso de comunidade que Paulo apresenta em suas cartas não é um simples agrupamento de pessoas com a mesma crença, mas uma profunda comunhão que reflete a unidade de Deus e exala seu amor ao mundo. Que, como comunidade, encarnemos essa missão com integridade e compromisso, sabendo que nossa vida em unidade é, por si só, um testemunho poderoso da graça de Deus.

REFERÊNCIAS BIBLIOGRÁFICAS

BAILEY, K. E. *As parábolas de Lucas*. São Paulo: Vida Nova, 2022.

BÍBLIA DE ESTUDO DA REFORMA. São Paulo: SBB, 2017.

BÍBLIA DE ESTUDOS THOMAS NELSON BRASIL. Rio de Janeiro: Thomas Nelson Brasil, 2023.

BIBO, Rodrigo (org.) *Doutrina e devoção*: o caminho da verdade na vida em comunidade. Rio de Janeiro: Thomas Nelson Brasil, 2022.

BOSCH, David J. *Missão transformadora*: mudanças de paradigma na teologia da missão. São Leopoldo: Sinodal, 2002.

BRAY, Gerald. *Igreja:* um relato teológico e histórico. São Paulo: Shedd, 2017.

BRIDGES, J. *Comunidade verdadeira:* a prática bíblica da *koinonia*. São Paulo: Vida Nova, 2019.

CARSON, D. A. (et al.) *Comentário bíblico Vida Nova*. São Paulo: Vida Nova, 2009.

CESAR, Marília de Camargo. *O grito de Eva*. Rio de Janeiro: Thomas Nelson Brasil, 2021.

COSPER, M. *As histórias que contamos*: como séries e filmes ecoam e anseiam pela verdade. São Paulo: Pilgrim, 2019.

EDWARDS, J. R. *O comentário de Lucas*. São Paulo: Shedd, 2019.

FEE, Gordon D. *1Coríntios*: comentário exegético. São Paulo: Vida Nova, 2019.

________. *Paulo, o Espírito e o povo de Deus*. São Paulo: Vida Nova, 2015.

GEORGE, Timothy. *Teologia dos reformadores*. São Paulo: Vida Nova, 1993.

GOHEEN, Michael W.; BARTHOLOMEW, Craig G. *Introdução à cosmovisão cristã*: vivendo na intersecção entre a visão bíblica e a contemporânea. São Paulo: Vida Nova, 2016.

GRUDEM, W. *1Pedro*: introdução e comentário. São Paulo: Vida Nova, 2017.

GRÜNZWEIG, Fritz; HOLMER, U; BOOR, Werner. *Cartas de Tiago, Pedro, João e Judas*. Comentário Esperança. Curitiba: Esperança, 2008.

HULME, William E. *Dinâmica da santificação*. 2. ed. São Leopoldo: Sinodal, 1981.

JOBES, K. H. *1Pedro*: comentário exegético. São Paulo: Vida Nova, 2022.

KEENER, Craig S. *Comentário exegético Atos:* introdução e caps 1.1 a 2.47. Rio de Janeiro: CPAD, 2022.

KELLER, Tim. *Igreja centrada.* São Paulo: Vida Nova, 2014.

KELLER, Tim; ALSDORF, K. L. *Como integrar fé e trabalho*: nossa profissão a serviço do reino de Deus. São Paulo: Vida Nova, 2014.

LUTERO, M. *Martinho Lutero*: uma coletânea de escritos. São Paulo: Vida Nova, 2017.

MCKNIGHT, Scot; BARRINGER, Laura. *Uma igreja chamada TOV*: a formação de uma cultura de bondade que resiste a abusos de poder e promove cura. São Paulo: Mundo Cristão, 2022.

MESTERS, Carlos. *Deus, onde estás*?: uma introdução prática à Bíblia. Petrópolis: Vozes, 2003.

MOO, D. J. *Romanos*: comentário exegético. São Paulo: Vida Nova, 2023.

OSBORNE, Grant. *Atos dos Apóstolos*: comentário expositivo. São Paulo: Carisma, 2022.

PETERSON, Eugene. *Uma longa obediência na mesma direção*. São Paulo: Cultura Cristã, 2005.

SHEDD, Russel P. *Chamado e os dons do Espírito Santo*. São Paulo: Shedd, 2018.

SPROUL, R. C.; NICHOLS, S. J. O. (orgs.). *Legado de Lutero*. São José dos Campos: Fiel, 2017.

STEVENS, R. P. *Os outros seis dias*. Viçosa: Ultimato, 2005.

STOTT, John R. W. *Como ser cristão*: um guia prático para a fé cristã. Viçosa: Ultimato, 2016.

_____. *A mensagem do sermão do monte*. São Paulo: ABU, 1989.

VANHOOZER, K. J. *Quadros de uma exposição teológica*: cena de adoração, testemunho e sabedoria da igreja. Brasília: Monergismo, 2018.

WESLEY, John. *O sermão do monte*. São Paulo: Vida, 2012.

WRIGHT, C. J. H. *A missão do povo de Deus*: uma teologia bíblica da missão da igreja. São Paulo: Vida Nova, 2012.

WRIGHT, N. T. *Paulo para todos*: 2Coríntios. Rio de Janeiro: Thomas Nelson Brasil, 2020.

_________. *Simplesmente Jesus*. Rio de Janeiro: Thomas Nelson Brasil, 2020.

RODRIGO BIBO, 42, é casado com Alexandra e pai da Milena e do Kalel. Em 2011, criou o site e o podcast Bibotalk para difundir a Bíblia e a teologia em uma linguagem simples e acessível. Em 2022, fundou a EBT – Escola Bibotalk de Teologia, uma escola online que capacita cristãos na rica tradição da fé cristã. É mestre em Teologia e mora em Joinville, SC. Não come salada e amou o final de *LOST*.

bibotalk
bibotalk
Visite: bibotalk.com

Ouça nossos podcasts no site ou nas principais plataformas digitais

Este livro foi impresso pela Ipsis, em 2025, para a
Thomas Nelson Brasil. A fonte do miolo é Noto Serif.
O papel do miolo é pólen bold 90g/m².